PAUL CLAYTON GIBBS

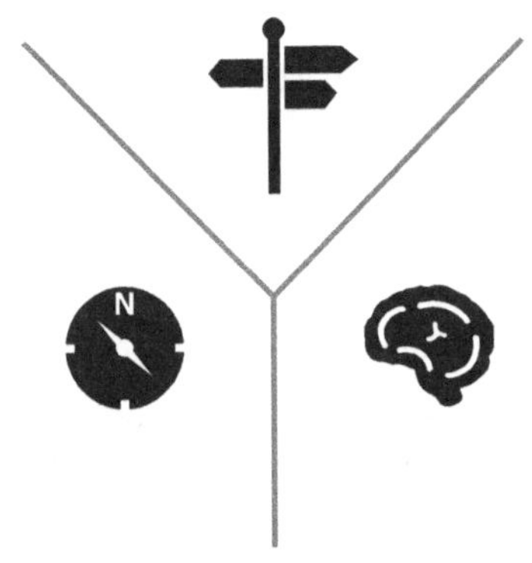

MUSTER IN GOTTES REICH

Gottes Berufung für dich

Harris House Publishing

Muster in Gottes Reich: Gottes Berufung für dich
Copyright ©2017 Paul Clayton Gibbs

Herausgegeben von Harris House Publishing
harrishousepublishing.com
Arlington, Texas
USA

Das englische Original erschien unter dem Titel Kingdom Patterns (ehemals The Seed and the Cloud).

Titelbild und Design: Paul Clayton Gibbs | Andrew Sherrington | Gustavo Aliberti ©2017
Autorenfoto: Lena Gresser ©2016
Erstellung der englischen Ausgabe: Terry Tamashiro Harris | Rebecca Royal | Andrew Sherrington
Übersetzer der deutschen Ausgabe: Markus Karth
Lektorat der deutschen Ausgabe: Jan Thomsen | Verena Thomsen | André Springhut

Bibelzitate sind, soweit nicht anders angegeben, aus der Lutherbibel, revidiert 2017, ©2016 Deutsche Bibelgesellschaft, Stuttgart, entnommen.
Übrige Bibelzitate sind entnommen aus:
ELB: Rev. Elberfelder Bibel (Rev. 26) ©1985/1991/2008 SCM R.Brockhaus im SCM-Verlag GmbH & Co. KG, Witten.
EU: Einheitsübersetzung. ©1980 Katholische Bibelanstalt, Stuttgart.
GNB: Gute Nachricht Bibel, revidierte Fassung, durchgesehene Ausgabe, ©2000 Deutsche Bibelgesellschaft, Stuttgart.
HFA: Hoffnung für Alle® (Hope for All). ©1983/1996/2002/2009/2015 von Biblica, Inc.®
MENG: Menge-Bibel.
NeÜ: Neue evangelistische Übersetzung. ©2017 von Karl-Heinz Vanheiden (Textstand 17.05.2017).
NLB: Neues Leben. Die Bibel ©2002 und 2006 SCM R.Brockhaus im SCM-Verlag GmbH & Co. KG, Witten.
SLT: Schlachter-Bibel 2000. ©2000 Genfer Bibelgesellschaft.
ZB: Züricher Bibel (Ausgabe 2007). ©Theologischer Verlag Zürich.

Internetadressen (Webseiten, etc.) werden als Hilfsmittel angeboten. Dies soll nicht als Befürwortung seitens Harris House Publishing verstanden werden, noch bürgen wir für den Inhalt besagter Seiten.

ISBN: 978-1-946369-79-6

Die Deutsche Nationalbibliothek verzeichnet diese Publikation in der Deutschen Nationalbibliografie; detaillierte bibliografische Daten sind im Internet über http://dnb.dnb.de abrufbar.

Für Lynn
Meine beste Freundin
"Nummer 9"

An meine wundervollen pastoralen Unterstützer, die meiner Familie und mir auf meiner Reise durch all diese Muster hindurch geholfen haben. Ihr habt uns ermutigt, unterstützt, mit uns gelacht und mir dabei geholfen, die Vision von Gottes Reich mit so vielen zu teilen.

Wayne, Terry, Dan, Kelly, Jim, Kim und Stephen

Ich danke

Meiner Foxy Lynn — dafür, dass sie bei jedem Schritt an meiner Seite war.

Joel und Levi — dafür, dass sie die besten Söhne auf dem ganzen Planeten sind.

Andrew Sherrington — dafür, dass er den Bucheinband überarbeitet hat.

David Tiede — dafür, dass er meinen Abbildungen einen professionellen Schliff verliehen hat.

Dem Pais Global Team — dafür, dass sie die Welt mit Ressourcen versorgen, während sie in allem zuerst nach Gott trachten.

Den Nationaldirektoren — dafür, dass sie unsere Freiwilligen auf ihrer Pilgerreise stärken.

Harris House Publishing — dafür, dass sie zuerst nach Gottes Reich trachten und ihr Unternehmen an zweite Stelle setzen.

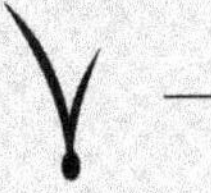

INHALTSVERZEICHNIS

Die Frage an den Pilger

Saat

Es gibt eine Linie.[1]

Viele von uns leben auf dieser Linie zwischen den zwei Extremen von Angst und Glück. Sie steht für die Regeln, Gesetze und Vorschriften des Christentums. Wenn wir auf dieser Linie leben, sind wir auf ihre beiden Enden fixiert: Auf der einen Seite fragen wir uns, wie weit wir gehen können, ohne uns selbst in Schwierigkeiten zu bringen, und auf der anderen Seite, wie weit wir gehen müssen, um uns eine Belohnung zu verdienen. Diese Linie verläuft waagerecht und nicht senkrecht. Sie wird uns nie aufwärts führen. Denn Gesetze helfen uns zwar zu verstehen, wo wir versagen, doch sie haben nicht die Macht dazu, uns zum Erfolg zu verhelfen.

Dann gibt es noch eine Wolke.

In Gottes Wort stehen Wolken in Verbindung mit dem Traum Gottes für Sein Volk: die Wolke, die Israel ins Gelobte Land führte, die Wolke, die bei Jesu Wiederkunft erscheinen wird,[2] und die Wolke, die ein Sinnbild für unsere letztendliche Wohnung bei Ihm ist.[3] Gott sehnt sich danach, dass wir aus einem von Seinen Gesetzen unterworfenen Leben ausbrechen, hin zu einem Leben, das für Seinen Traum gelebt wird. Doch die Reise zu einem Leben über der Linie fängt darunter an.

Es gibt ein Saatkorn.

Dieses Saatkorn ist Gottes ewiger Plan, den Er schon in dich hinein gelegt hat, als du Ihn noch gar nicht kanntest.

Auch die Ewigkeit hat er den Menschen ins Herz gelegt.[4]

Wenn ein Pilger eine Vision empfängt, bekommt er nicht ein fertiges Konzept ausgehändigt und kann die Vision daher noch nicht vollständig verstehen. Er erhält nur die Saat. Das Saatkorn ist nicht die Pflanze. Es schmeckt nicht wie die Pflanze, sieht nicht aus wie die Pflanze und fühlt sich auch nicht an wie die Pflanze. Und doch enthält es alles, was es braucht, um zu einer Pflanze zu *werden*.

So sät Gott Seinen Plan in unser Herz und Sein Traum gibt uns etwas, wonach wir uns ausstrecken können, nach dem sich unsere Seele sehnt und mit dem sie sich verbinden kann. Doch etwas fehlt noch, damit sich der Plan, den Gott in uns hineingelegt hat, nach Seiner Vision richtet: eine Rankhilfe.

Daher gibt es die Muster in Gottes Reich.

Die Muster in Gottes Reich unterstützen und beschützen Gottes Plan in dir, damit er groß und stark werden kann. Ihr Ziel ist es nicht, dich einzuengen, sondern dein Wachstum zu lenken. Sie sind weder künstlich noch statisch ... sie geben deiner Entwicklung Raum und Richtung.

Jedes der fünf Muster, die ich für dieses Buch gewählt habe, wird in drei Stufen vorgestellt:

Das Muster: Anhand eines Schaubildes stelle ich die Reise dar, die du durchlaufen könntest.

Der Pilger: Anhand einer Person aus der Bibel zeige ich die Absicht hinter dem Muster.

Die Anwendungen: Ich gebe praktische Ratschläge, die du auf dem Weg anwenden kannst.

Pioniere in Gottes Reich, Prinzipien in Gottes Reich und jetzt *Muster in Gottes Reich.* Alle drei Bücher der Trilogie von Gottes Reich können in beliebiger Reihenfolge gelesen werden und jedes von ihnen erfordert eine Leidenschaft dafür, für Gottes Reich zu leben. Sie sind für jene von euch, die ihr Herz an Gottes Herz und ihre Träume an Gottes Träume binden wollen. Und während du das tust, wirst du feststellen, dass viele deiner Wünsche überhaupt erst von Ihm in dein Herz gepflanzt wurden.

Blase

Hast du Jesus schon einmal aus den Augen verloren?

Das passiert auch den Besten von uns.

> *Und seine Eltern gingen alle Jahre nach Jerusalem zum Passafest.[5] Und als er zwölf Jahre alt war, gingen sie hinauf nach dem Brauch des Festes. Und als die Tage vorüber waren und sie wieder nach Hause gingen, blieb der Knabe Jesus in Jerusalem, und seine Eltern wussten's nicht.[6]*

Zunächst hatten sie keine Ahnung, dass Jesus verschwunden war, doch sobald sie es wussten …

> *… begannen sie, bei ihren Verwandten und Freunden nach ihm zu suchen.[7]*

Hattest du jemals das Gefühl, dass Gott nicht dort zu finden war, wo du Ihn erwartet hättest? Oder dass du den Kontakt zu Ihm verloren hast und damit auch den Lebenssinn? Hast du jemals Seine Führung in deinem Leben aus den Augen verloren? Wenn wir uns so fühlen, machen wir manchmal denselben Fehler wie die Eltern von Jesus: Wir suchen Ihn am falschen Ort. Wir suchen Ihn bei unseren Freunden und Verwandten.

Das liegt in unserer Natur. Wenn ich jemanden auffordere, eine Möglichkeit in Erwägung zu ziehen, schließe ich ihn deshalb in eine *Blase* ein.

Denn bei einigen Menschen ist es doch so: Wenn sie vor einer Entscheidung oder einer Gelegenheit stehen, sagen sie: „Ich werde darüber beten." Doch sie tun es nicht. Zumindest nicht am Anfang. Stattdessen suchen sie Gottes Führung bei den Menschen, die sie lieben oder respektieren. Erst nachdem sie das getan haben, nehmen sie sich Zeit zum Gebet und zur Reflexion. Doch mittlerweile ist ihr Fühlen und Denken kein unberührtes Neuland mehr. Sie sind von den Meinungen der anderen geprägt und es wird schwieriger, den Heiligen Geist in alledem zu erkennen.

Ich schließe sie also in eine Blase ein. Ich nehme ihnen das Versprechen ab, mit keiner Menschenseele darüber zu reden, bis sie sich selbst eine bestimmte Frage gestellt haben; welche das ist, verrate ich später. Nach einem vereinbarten Zeitraum ermutige ich sie dann dazu, andere nach ihrer Meinung zu fragen. Mit dieser ‚Blase' will ich erreichen, dass Menschen mit Gott auf eine Reise gehen, anstatt mit ihrem nächsten geistlichen Guru eine Abkürzung zu nehmen oder bei einem Freund einen Boxenstopp einzulegen.

Schließlich sind auch wir, genau wie Josef und Maria, Pilger.

> *Ein Pilger ist jemand, der aus religiösen Gründen zu einem heiligen Ort reist.*[8]

Dennoch scheinen sich viele von uns verirrt zu haben. Ich kann dir gar nicht sagen, mit wie vielen großartigen, gottesfürchtigen Leitern ich in Cafés gesessen habe, während sie mir erzählten, wie verloren sie sich fühlten und fragten: Was geht hier vor? Was mache ich hier? Warum bin ich hier? Was kommt als Nächstes? Wie lautet der Plan?

Und diese *Schicksalskrise* ist ein Problem.

Wieso? Weil wir als Ebenbild Gottes geschaffen wurden. Und warum sind wir als Gottes *Ebenbild* geschaffen? Damit wir anderen helfen können, sich von *eben* diesem Gott ein *Bild* zu machen.

Mich inspiriert das.

Aber es bereitet mir auch Unbehagen.

Ich bin besorgt darüber, dass ein bruchstückhaftes, zusammenhangloses Leben das Bild eines unzuverlässigen, gestörten Gottes vermitteln könnte. Ein Gott, der nicht genau weiß, was Er mit uns anfangen soll. Ein Gott, der unser Leben lang ein geistliches Versteckspiel mit uns spielt. Das ist nicht das Bild von Gott, das ich mit meinem Leben vermitteln möchte. Und obwohl ich wahrscheinlich nicht alle Fragen meiner Kollegen beantworten kann, habe ich doch eine Ahnung von dem Prozess, der sich hinter der Reise eines Pilgers verbirgt. Dieser Prozess beginnt mit einer Frage, die besser ist als jene, die wir für gewöhnlich stellen.

Um diese Frage mit dir zu teilen, möchte ich dir zuerst eine andere stellen: Wenn Gott will, dass wir im Glauben vorangehen und nicht vom Schicksal bestimmt leben, wo liegt dann dieser heilige ‚Ort', der das Ziel unserer Reise sein soll?

Karte

Vielleicht finden wir ja einen Hinweis in der ersten Pilgerreise in Gottes Geschichte.

> *Und der HERR sprach zu Abram: Geh aus deinem Vaterland und von deiner Verwandtschaft und aus deines Vaters Hause in*

ein Land, das ich dir zeigen will. Und ich will dich zum großen Volk machen und will dich segnen und dir einen großen Namen machen, und du sollst ein Segen sein.[9]

Abrams Entdeckungsreise war die erste religiöse Pilgerfahrt.

Einer dieser Orte, die er bereiste, war Salem, das zukünftige Jerusalem. Abrams Reise erinnert mich an eine Karte aus dem Mittelalter, die Christen auf ihrer Reise ins Heilige Land helfen sollte. Sie hat vier Kreise, einen in der Mitte und drei ringsum aufgefächert. Der mittlere Kreis steht für Jerusalem und die anderen drei zeigen Europa, Afrika und Asien.[10]

Sie weist denselben Fehler auf, den auch wir auf unserer Pilgerreise machen.

Sie versinnbildlicht die Idee, die Suche nach Gott sei ein Ort oder ein Ziel, nach dem wir streben müssten, wie die Mitte einer geografischen Zielscheibe. Vielleicht ist es genau diese Vorstellung, die uns die schwache Frage stellen lässt:

„Herr, wohin soll ich gehen?"

Oder die gängige Frage:

„Herr, was soll ich tun?"

Oder die geringfügig bessere Frage:

„Herr, zu wem soll ich gehen?"

Vielleicht bekommen wir ja deswegen so selten eine Antwort, weil es schwierig ist, eine gute Antwort auf eine schlechte Frage zu finden.

Ich bin überzeugt, dass Abrams Berufung das Geheimnis der besseren Frage lüften kann.

> *Darum sollst du nicht mehr Abram heißen, sondern Abraham soll dein Name sein; denn ich habe dich gemacht zum Vater vieler Völker.*[11]

Gott hat ‚Abram‘ einen Buchstaben des göttlichen Namens ‚JHWH‘ hinzugefügt und daraus ‚Abraham‘ gemacht.

Das ist bedeutsam!

Damit will Gott uns etwas mitteilen: Abrahams Pilgerreise sollte ihn an Gott binden, genauer gesagt an Gottes Pläne. Während er unterwegs war, wurde der Traum des Vaters zu seinem eigenen Traum. Gott führte ihn nicht nur an einen Ort auf der Landkarte, sondern nahm ihn auf eine Reise mit, auf der Abraham anfing, so zu denken, zu fühlen und zu glauben wie Gott.

Und *du* bist auch auf dieser Reise.

Wer bessere Fragen stellt, bekommt bessere Antworten. Und es gibt eine Frage, die zu einer besseren Antwort von Gott führt, weil sie in Einklang mit dem Ziel jeder Pilgerreise steht, zu der Er uns ruft.

Hier nun die bessere Frage:

> *Wie erziele ich die größte Wirkung für Gottes Reich?*

Wenn ich jemanden in eine Blase einschließe, ermutige ich ihn, sich genau diese Frage zu stellen. Sie hat meine Art und Weise, nach Gottes Willen zu suchen, vollkommen verändert. Es ist diese Frage, der wir in diesem Buch nachgehen werden ... eine Frage mit einer überraschenden Wendung.

Wenn wir zuerst nach Gottes Reich trachten, geschieht nämlich etwas sehr Merkwürdiges. Gottes Aufforderung an Abram, sein Vaterland zu verlassen, wird im Hebräischen mit folgenden Worten ausgedrückt:

> *Lekh lekha*

Die wörtliche Bedeutung dieses hebräischen Ausdrucks lautet „geh",
doch im engeren Sinne heißt es „geh zu dir selbst". Ein Rabbi des
Mittelalters merkte an, dass Gott damit sagte:

> *Du wirst von der Reise profitieren. Lekha, zu dir selbst, wird der
> Gewinn darin sein.*[12]

Trachte zuerst nach dem Reich Gottes ... und du wirst auf dein wahres
Selbst stoßen.

Gehirn

Abrahams Pilgerreise war dafür gedacht, ihn schlussendlich dahin zu
bringen, die gleiche Gesinnung wie Jesus zu haben. So wundervoll
dieser Gedanke an sich schon ist, es kommt noch besser.

> *Fügt euch nicht ins Schema dieser Welt, sondern verwandelt
> euch durch die Erneuerung eures Sinnes, dass ihr zu prüfen ver-
> mögt, was der Wille Gottes ist: das Gute und Wohlgefällige und
> Vollkommene.*[13]

Die Bibel lehrt uns klar und deutlich: Nur wenn unser Denken ver-
wandelt ist, können wir Seinen Willen und Seine Weisungen für unser
Leben verstehen. Während unsere heutige Kultur dafür wirbt, unserem
Herzen zu folgen, rät Gott uns, Seiner Gesinnung zu folgen.

Der Grund dafür?

> *Nichts auf dieser Welt ist so hinterhältig und verschlagen wie
> das Herz des Menschen.*[14]

Unsere Worte kommen aus der Fülle unseres Herzens. Doch unser
Herz spiegelt uns nur die Person wider, für die wir uns selbst halten, und die Wünsche, die wir für unsere eigenen halten. Unser Herz
sagt uns nicht immer die Wahrheit. Es überrascht mich nicht, dass
der ,Fürst dieser Welt' dafür wirbt, unseren Weg danach zu wählen,

was sich am besten *anfühlt*. Gottes Weisheit zufolge ist unser Herz selten im Einklang mit unserem eigenen Handeln, geschweige denn mit dem Handeln Gottes! Und nur wenn unser Denken mit Seinem übereinstimmt, wird unsere Suche nach Seiner Führung mehr Klarheit als Verwirrung stiften.

Doch wie genau funktioniert das?

Nun, die geistliche Dynamik funktioniert so wie die biologischen Abläufe. Die wiederkehrenden Muster in deinem Gehirn entstehen durch Verbindungen, die sich Synapsen nennen. Diese Synapsen verbinden die Neuronen in unserem Gehirn und bilden wortwörtlich einen Gedankenfluss. Diese biologischen Bahnen prägen all unsere Gedanken!

Hast du dich je gefragt, wer im Raum das ‚meiste Hirn' hat?

Vielleicht überrascht dich die Antwort: Es ist das dreijährige Kind. Es ist seltsam, doch unser Gehirn scheint rückwärts zu wachsen. Erst wird es sehr schnell sehr groß und dann zieht es sich zusammen oder ‚schrumpft', je älter man wird.

Im Grunde genommen wird es ‚kleiner' während du schlauer wirst.

Zweiundvierzig Tage nach der Empfängnis erlebt das Gehirn einen viermonatigen Wachstumsschub, der mit dem ersten Neuron, einer Gehirnzelle, startet. Einhundertundzwanzig Tage später gibt es schon hundert Milliarden davon. Sechzig Tage vor der Geburt beginnen die Nervenzellen, miteinander zu kommunizieren. Dafür verbinden sie sich untereinander durch einen Strang, ein sogenanntes Axon. Eine erfolgreiche Verbindung nennt sich Synapse. Im Alter von drei Jahren hat jede der hundert Milliarden Nervenzellen fünfzehntausend Verbindungen!

Und dann überredet uns unser Gehirn, viele von ihnen zu ignorieren!

Sobald sie nicht mehr beachtet werden, verfallen sie. Mit sechzehn Jahren sind fünfzig Prozent des Netzwerks verschwunden! Man könnte also sagen, dass im Alter von sechzehn Jahren nur noch das halbe Gehirn übrig geblieben ist. Für die Eltern eines Pubertierenden ist das natürlich keine Überraschung.

Doch warum?

Warum explodiert das Gehirn förmlich, nur um anschließend so viele Gedankenwege zu ignorieren? Nun, unsere Denkfähigkeit beruht darauf, wie schnell und wie gut wir die stärksten Verbindungen aktivieren können. Dadurch entsteht die Fähigkeit, klar zu denken. Das riesige Netzwerk im Gehirn eines Kindes, das entscheidende Informationen aufsaugt, wird irgendwann zur Last. Stell dir vor, wir müssten für jede einfache Alltagshandlung zwischen zahlreichen Alternativen wählen. Wir wären geistig lahmgelegt!

Dadurch also, dass sich bestimmte Gedankenbahnen ausbilden, können wir schneller und einfacher Entscheidungen treffen. Das bedeutet, dass bestimmte Denkweisen nach einer Weile natürlicher werden; teils, weil wir von vornherein gelernt haben, so zu denken, und teils, weil wir uns später bewusst dafür entscheiden. Unsere Gedanken können wortwörtlich nicht ,aus der Spur' geraten und reagieren auf einen komplexen Input fast immer gleich.

Im Grunde genommen gilt: Je mehr wir auf eine bestimmte Weise denken, umso mehr denken wir auf genau *diese* Weise.

Biologisch gesprochen: Je stärker sich ein bestimmtes Gedankenmuster herausbildet, desto schwieriger wird es, anders zu denken. Wenn unsere Gedanken also nicht bereits Gottes Gedanken entsprechen – und keiner von uns kommt so auf die Welt –, wird deutlich, wie unmöglich es für uns ist, von Natur aus so zu denken, wie Er es tut!

Diese neurologische Gegebenheit bringt eine ähnliche Dynamik mit sich wie die Gegenüberstellung von Breitbandinternet und der Einwahl per Modem. Breitband läuft reibungslos und stellt auch bei mehreren Anwendungen mühelos eine Verbindung her. Bei der alten Einwahl per Modem ist das anders. Mein Vater war bestimmt der letzte Mensch im Universum mit einem Modem. Während alle Welt Videos herunterladen konnte, musste er drei Minuten totschlagen, während er sehnsüchtig darauf wartete, dass ein Foto erschien. Ältere Leser erinnern sich vielleicht noch daran, wie sie auf den Computer warten mussten, während er zum damals geheimnisumwobenen Internet Kontakt aufnahm. Es gab ein kreischendes Geräusch und im günstigsten Fall schien das Computermodem nach einigen Sekunden die richtige Stelle zu treffen und die Verbindung war hergestellt. Doch häufig hielt das Kreischen an, während das Modem verzweifelt versuchte, diese unsichtbare Verbindung in der Luft zu fassen zu bekommen.

Geht dasselbe auch in dir vor, wenn dir ein Gedanke Gottes in den Sinn kommt?

Wenn Gottes Wege deine Wege sind, dann wird Sein Gedankenfluss auch leicht in deinen hineinfließen können. Wenn du aber entlang eines anderen Musters als dem Seinen denkst, ist es wie mit einer mühevollen Einwählverbindung. Vielleicht kommt sie mit Glück zustande, doch selbst dann kann die Verbindung leicht abreißen.

Obwohl wir das Potenzial für eine Breitbandverbindung mit Gott haben, geben sich viele mit einer Einwahl per Modem zufrieden.

Typos

Gibt es also noch Hoffnung für uns?

Sind einige von uns einfach zu alt, um verwandelt zu werden? Hat sich unsere Fähigkeit, Gottes Willen zu prüfen, verflüchtigt? Könnten unsere Erziehung, unser bisheriges Denken und die Gesellschaft unseren Verstand derart beschränkt haben, dass wir lediglich nach geistlichen Strohhalmen greifen können, wenn es darum geht, Seinen Willen zu erkennen?

Nein! Es gibt eine gute Nachricht!

Die wissenschaftliche Entdeckung der *Neuroplastizität* hat vor nicht allzu langer Zeit bestätigt, was die Bibel seit zwei Jahrtausenden lehrt: Unser Gehirn ist nicht statisch, wie früher angenommen; unser Denken kann neu vernetzt werden! Tatsächlich verwendet Paulus in seinem Gebot, sich verwandeln zu lassen, das griechische Wort *metamorphoō*, die Wurzel des deutschen Wortes *Metamorphose*.[15]

Ein Leopard kann zwar seine Flecken nicht ändern, aber ein Pilger seine Muster.

Das Geheimnis?

Wiederholung.

> *Seid miteinander meine Nachahmer, Brüder, und seht auf die, welche so wandeln, wie ihr uns zum Vorbild habt!*[16]

Das griechische Wort, das hier für ‚Vorbild' steht, ist sehr interessant.

> *Typos: Gussform, Stempel, Narbe; Form, etwas, das durch wiederholte Schläge erzeugt wurde*[17]

Nehmen wir ein Stück Wellpappe, etwa die Klappe eines Pappkartons. Sobald es gebogen wird, entsteht ein Knick. Würde man Wasser auf den Karton tropfen lassen, liefe es genau diese Rillen entlang.

Nun könnten wir ein stumpfes Messer nehmen und mit diesem Werkzeug in den Pappkarton schneiden, mit dem Ziel, dass der erste Schnitt eine neue Rille prägt, die in eine andere Richtung verläuft. Die darauf folgenden Schnitte gehen ebenfalls diesen neuen Pfad entlang. Allmählich erzeugt der Druck dieser wiederholten Einwirkungen

(*Typos*) eine neue Rille, eine neue Spur, einen neuen Pfad, der stärker und breiter als der vorherige ist. Früher oder später gibt es einen Wendepunkt: Wenn man den Karton biegt, gibt er dort nach, wo der geringste Widerstand herrscht ... in der neuen Spur.

So ist es auch mit unserem Denken.

Gott verwendet Muster. Er benutzt wiederholte *Eindrücke*, ein wiederkehrendes Einprägen Seiner Wege, sodass wir am Ende Spuren davontragen. Nicht im negativen Sinne, sondern als Prozess, durch den unsere Gedanken mehr und mehr in *Seiner* Spur fließen.

Was hat das für Auswirkungen!

In Ohio steht ein Gerichtsgebäude an einem einzigartigen Standort: Regentropfen, die auf die Nordseite des Gebäudes fallen, fließen in den Ontariosee und den Sankt-Lorenz-Golf, während Regentropfen, die auf die Südseite fallen, in den Mississippi und den Golf von Mexiko fließen. An der Dachspitze kann ein leichter Windstoß über das Schicksal vieler Regentropfen entscheiden. Im Hinblick auf ihren Zielort macht das einen Unterschied von über 3.000 Kilometern aus.

So ist das auch mit unseren Entscheidungen.

Wir alle haben Fehler gemacht und mussten, wie bei einer alten Schreibmaschine, das Korrekturband nehmen und es noch einmal versuchen. Durch Seine Gnade hat Gott uns eine ähnliche Möglichkeit gegeben: Wir machen Fehler, wir bitten um Vergebung und Gott vergibt uns. Doch es kann sein, dass wir mit den Folgen unserer schlechten Entscheidungen leben müssen. Ich denke also, dass wir alle in einer Sache übereinstimmen können:

> Besser von Gottes *Typos* geformt werden, als die *Tippfehler* des Lebens zu ertragen.

Sechster

„Ich weiß, was als Nächstes passiert."

Dieser willkürliche Gedanke drängt sich mir oft auf, wenn mir Menschen ihre Geschichte erzählen. Während sie mir ihre Lebensumstände, ihre Vergangenheit und ihre Gegenwart schildern, wird mir auf einmal klar, dass ich vermutlich auch einen Teil ihrer Zukunft kenne. Natürlich nicht so, als hätte ich eine prophetische, mystische Kristallkugel. Ich meine die Art und Weise, in der meine Erfahrung mir auch sagt, was als Nächstes passiert, wenn ich eine Cola-Dose vor dem Öffnen schüttle.

Ich habe festgestellt, dass das eine Art sechster Sinn ist, den ich habe, ähnlich wie bei dem Jungen aus dem Bruce Willis Thriller, jedoch mit einem wesentlichen Unterschied:

Ich sehe keine toten Menschen. Ich sehe *Muster*.

Auch wenn sie mit bloßem Auge nicht erkennbar sind, sind sie doch sehr real. Ich glaube, dass Gott uns mit diesen Mustern leitet.

> *Muster: ein Plan oder eine Vorlage, die als Anleitung verwendet wird.*[18]

Gott will dir Bedeutung verleihen, weil du jetzt schon besonders bist. Gott verwendet Muster, um dich zu einem Menschen zu machen, der im Glauben vorangeht und nicht vom Schicksal bestimmt lebt. Mithilfe Seiner Muster bringt Er dir nicht nur bei, wie du erkennst, was dein Auftrag ist, sondern auch, *wozu* Er dich damit beauftragt.

Ich möchte dich ermutigen, dich nicht mit weniger zufriedenzugeben.

Es gab Augenblicke, in denen Menschen mir durch Worte, die Gottes Geist ihnen eingab und die sie mitten in mein Leben sprachen, geholfen haben, Gottes Willen zu entdecken. In manchen Kreisen wird das ‚Prophetie' genannt. Diese spielt eine bedeutende und doch eingeschränkte Rolle in unserer Fähigkeit, *durchgehend* Gottes Willen und Führung zu verstehen.

Prophetien geben zeitweilige Antworten auf vorübergehende Fragen.

Prophetien schenken uns besondere Augenblicke. Ein bedeutsames Leben braucht jedoch mehr als nur Augenblicke: Es braucht Prozesse. Das Problem ist, dass wir Augenblicke lieben, nicht wahr? Wir sehnen uns nach solchen Augenblicken. Dem Augenblick, in dem wir entdeckt werden. Dem Augenblick, in dem sich alles zum Guten wendet. Dem Augenblick, in dem alles Sinn ergibt.

Doch könnte die Sehnsucht nach besonderen Augenblicken uns für Gottes wahren Weg blind machen?

Prophetien sind einfach eine weitere Art von Lebensumständen. Ich glaube an sie, genauso wie ich glaube, dass Gott uns Wind und Regen sendet. Doch oft beziehen sie sich auf einen bestimmten Lebensabschnitt oder bestimmte Umstände und helfen uns in einer bestimmten Situation. Sie beeinflussen vielleicht deinen nächsten Schritt, doch sie geben keine Garantie für die Zukunft, denn deine Zukunft wird von etwas anderem geprägt:

Deinem Charakter.

Meiner Meinung nach werden *Prophetien* von *Mustern* übertrumpft. Prophetien prägen dich nicht, Muster schon.

Wir sollten uns dabei vor Augen halten, dass Muster wie Gleichnisse sind. Gleichnisse sind dafür ausgelegt, eine bestimmte Wahrheit herauszustellen, sollten aber nicht miteinander vermischt werden. Genauso arbeiten auch die Muster in Gottes Reich unabhängig voneinander. Sie sollen Gottes Führung in unserem Leben zu bestimmten Zeiten und an bestimmten Orten hervorheben, denn mit jedem Muster verändert Gott unser Denken auf eine ganz bestimmte Weise. Deshalb lässt sich das eine Muster in einem bestimmten Lebensabschnitt viel-leicht besser anwenden, während zu einem späteren Zeitpunkt ein anderes Muster wichtiger ist.

Muster zeigen uns nicht nur eine neue Methode, Gottes Führung zu entdecken, sie geben uns auch *einen neuen Grund, nach ihr zu suchen*. Dieser zweite Nutzen ist natürlich der wichtigste, das lernen wir dar-aus, wie Abraham als Pilger beschrieben wird:

> *Und du hast sein Herz treu vor dir befunden und den Bund mit ihm geschlossen [...]* [19]

Ein Bund erfordert ein treues Herz, denn nur ein treues Herz nimmt Gottes Versprechen an. Bevor wir also weitermachen, möchte ich dich fragen: Was geht in deinem Herzen vor sich? Willst du etwas Bestimmtes erreichen? Vielleicht eine Beförderung oder eine bestimmte Stellung? Willst du mit einer bestimmten Person zusam-menarbeiten? Etwas Bestimmtes tun?

Oder ...

Willst du, dass Seine Gedanken zu deinen Gedanken werden? Beobachten, wie Seine Wege zu deinen Wegen werden? Entdecken, wie Seine Träume zu deinen Träumen werden?

Bei der Reise eines Pilgers geht es nicht darum, *Träume* auszutau-schen. Es geht darum, *Absichten* auszuwechseln.

MUSTER IN GOTTES REICH

DIAMANTEN

DIAMANTEN | Das Muster

Einfach

Wachstum ist diamantförmig.

Wenn Gott ein Saatkorn in unser Herz pflanzt, versuchen wir sofort zu deuten, wozu es heranwachsen wird. Hier machen wir oft schon unseren ersten Fehler: Wir assoziieren das, was Gott gesagt hat, mit dem, was wir kennen und was am ehesten danach aussieht. Indem wir beides miteinander verknüpfen, malen wir uns ein Bild, das wir nur schwer wieder loswerden.

Der Grund, warum wir Gottes Führung in unserem Leben verpassen, ist *nicht*, weil wir nicht wüssten, wie diese aussieht, sondern weil wir im Vorhinein entschieden haben, wie diese aussieht.

Und dann machen wir unseren zweiten Fehler: Wir nehmen an, dass Er es einfach machen wird.

Unterbewusst stellen wir uns einen schmalen, geradlinigen Weg vor, der uns von unseren Träumen zu unserer Bestimmung bringt.

Wir erwarten eine Reise, die uns mit allen erforderlichen Fähigkeiten, Erfahrungen und Beziehungen ausstattet, von denen wir glauben, dass sie uns bei der Verwirklichung unserer Träume helfen werden.

Nehmen wir einmal an, Gott hat dir die Vision gegeben, Kranke zu heilen. Jetzt könntest du sofort beschließen, dass es deine Berufung ist, Arzt zu werden. Dabei liegt es für dich auf der Hand, dass ein Medizinstudium der nächste Schritt ist.

Vielleicht liegst du richtig ... vielleicht erwartet dich aber auch eine große Überraschung.

Abkürzungen

Genauso wie du war auch König David besonders und genauso wie du war auch er auserwählt, bedeutsam zu sein. In Psalm 18 sagt er zu Gott:

Du beugst dich zu mir herab und machst mich groß.[20]

Doch er sagt auch noch etwas anderes:

Du gibst meinen Schritten weiten Raum, dass meine Knöchel nicht wanken.[21]

Weiten Raum schaffst du meinem Schritt, und meine Knöchel wanken nicht.[22]

Du ebnest den Weg für meine Füße, damit ich nicht stürze.[23]

Früher bin ich oft querfeldein wandern und klettern gegangen. Bei beidem geht es darum, kräftezehrende Hänge zu erklimmen und doch verlangen sie sehr unterschiedliches Schuhwerk. Für das Erste brauchst du biegsame Schuhe, die dir Beweglichkeit geben. Für das

Zweite benötigst du festere Schuhe, die dir mehr Unterstützung geben. Denn hier kann es schnell passieren, dass du einen Fuß falsch setzt oder mit dem Fuß umknickst und dann für den Rest der Reise humpelst.

Das erste Muster in Gottes Reich, das wir uns anschauen, bewahrt uns vor einem ähnlichen Schicksal.

Gott hat sich im Vorhinein Gedanken gemacht, genauer genommen vor *deiner* Zeit, und einen Weg für dich geplant, der deine Knöchel stärkt und Ausrutscher umgeht, die dir sonst bevorgestanden hätten.

Speziell dieses Muster in Gottes Reich hilft uns, die Stolpersteine zu vermeiden, denen wir dann begegnen, wenn wir – und das tun viele von uns – nach etwas Bestimmtem Ausschau halten ...

Abkürzungen.

Es gibt eine Geschichte von einem Friseursalon in einer Kleinstadt, der sich um die Bedürfnisse aller Einwohner dort kümmerte. Eines Tages zog eine Friseursalonkette in die Kleinstadt und überflutete die Nachbarschaft mit Reklametafeln, auf denen stand:

Haare schneiden nur $6! Haare färben nur $6! Dauerwelle nur $6!

Der ortsansässige Friseur entschied sich daraufhin, einen Werbeexperten zu Rate zu ziehen. Dieser sah sich alle Reklametafeln an und schlug folgende Strategie vor: Der Friseur solle seine Ersparnisse verwenden, um die Reklamefläche direkt über seinem Friseursalon zu mieten. Darauf solle er drei schlichte Worte schreiben:

Wir retten $6-Haarschnitte.

Es war ein genialer Schachzug. Diese drei Worte trafen genau den Nerv der Passanten. Sie stimmten mit dem Bauchgefühl überein, das jeder von uns kennt. Das Bauchgefühl, das uns sagt, dass Abkürzungen nur selten gesund sind und langfristig oft dafür sorgen, dass wir unser Ziel aus den Augen verlieren.

So ist es auch mit diesem Muster in Gottes Reich.

Es hilft uns, das Ziel einer längeren Reise zu verstehen.

Lange Unterhosen

Dieses diamantförmige Muster in Gottes Reich scheint unserer Intuition zu widersprechen.

Wenn Gott uns zu etwas beruft, macht Er unseren Weg zunächst *breiter*. Das ist verwirrend, denn Gott kann uns eine Vision geben und uns direkt im Anschluss scheinbar davon wegführen!

Nachdem Er dir Seinen Traum offenbart hat, wird Gott dich zunächst viele andere Dinge erleben lassen, die auf den ersten Blick nichts mit dem zu tun haben, was Er dir kurz zuvor gesagt hat. Tatsächlich haben diese Erlebnisse nicht nur wenig mit dem Traum gemeinsam, sie neigen auch dazu, untereinander wenige Gemeinsamkeiten zu haben!

Ich habe diese Verbreiterung meines Weges viele Male in meinem Leben beobachtet.

Das erste Mal geschah es, als ich gerade mit der Schule fertig war. Ich hatte keine Vorstellung von meinem beruflichen Werdegang, also nahm ich das erstbeste Angebot an. Es war eine Ausbildung im Einzelhandel bei Co-Op, damals der größte Einzelhändler im Vereinigten Königreich. Ich hatte die Wahl, in der Lebensmittel- oder der Non-Food-Abteilung zu arbeiten, und ich entschied mich für Non-Food. Co-Op sandte mich trotzdem sofort zu jeder erdenklichen Art von Warenhaus, die es gab. Mit siebzehn Jahren verkaufte ich also Teppiche, Besteck, Orangen, Gartenhäuser, Lammkoteletts, Fernseher, Urlaubsreisen und lange Unterhosen. Ich reiste zu riesigen Großmärkten und winzigen Eckläden, um als Manager für sie einzuspringen, wenn der Abteilungsleiter im Urlaub oder krank war. Ich arbeitete in einem Metzgerladen, Gartencenter, Kaufhaus, Markt und einer Vielzahl von anderen Einzelhandelsgeschäften überall in Greater Manchester. Auch wenn ich es damals noch nicht erkannte, lehrten mich all jene Erfahrungen Dinge, die ich später noch brauchen sollte. Die anfängliche Verbreiterung meines Weges diente einem doppelten Zweck: Sie erteilte mir praktische Lektionen für die damalige Zeit und zugleich eine größere geistliche Lektion für die kommenden Jahre.

Auch wenn ich Gott nicht in diesem gesamten Zeitraum gefolgt bin, war es doch alles Teil Seines Plans.

Jeder Aspekt der Ausbildung brachte mir Dinge bei, die ich noch brauchen sollte, um eine internationale Organisation zu leiten, die Nachfolger Jesu trainiert und aussendet. Die Leitung von Pais erforderte den Umgang mit Menschen aus allen Gesellschaftsschichten und meine Stationen durch den Einzelhandel gaben mir das bestmögliche Training, um Menschen zur Zusammenarbeit für ein gemeinsames Ziel zu bewegen. Als magerer, pickeliger Teenager mit einem Blazer, der zwei Nummern zu groß war, musste ich immer wieder in neue Geschäfte gehen und Personal leiten, das dreimal so alt war wie ich. Ich sollte Menschen darin motivieren, Produkte zu verkaufen, von denen ich herzlich wenig wusste, in denen sie sich aber bestens auskannten. Ich musste also zügig soziale Kompetenz entwickeln, um sie dazu zu bringen, mich zu respektieren. Ich musste Organisationstalent entwickeln, als Mitarbeiter mit Urlaubsanträgen, Disziplinarproblemen und Teamkonflikten zu mir kamen. Die Herausforderungen waren gewaltig, genauso wie die Lektionen, die ich dabei gelernt habe.

Die zweite maßgebliche Verbreiterung meines Weges kam mit meiner Berufung.

Sechs Jahre nach meiner Feuertaufe im Einzelhandelsmanagement hatte ich das Gefühl, dass Gott mich dazu bewegte, Missionar zu werden. Ich ging nach Schottland und nahm an einem Kurzlehrgang in Evangelisation und Jüngerschaft teil. Ich hatte die Erwartung, gleich darauf nach Afrika, Papua-Neuguinea oder an irgendeinen anderen exotischen und hoffnungslosen Ort gesendet zu werden. Doch erstaunlicherweise hatte ich das Gefühl, dass Gott mich zurück nach Manchester[24] führte, also half ich dort meiner Gemeinde als ehrenamtlicher Mitarbeiter. In diesem Lebensabschnitt besuchte ich ältere Menschen, lernte von den Erfahrungen meines Pastors, erfüllte Büroaufgaben, reparierte Dinge, führte während der Gemeindesitzungen Protokoll, und half, eine neue Hypothek abzuschließen und eine Satzung für unsere Gemeinde zu verfassen.

Manchmal war die Arbeit langweilig, oft zusammenhangslos, und im Hinblick auf das, was Gott mir ins Herz gelegt hatte, ergaben sie überhaupt keinen Sinn.

Warst du auch schon einmal in so einer Situation?

Der Weg des Diamanten kann am Anfang verwirrend und ernüchternd sein und wie eine Ablenkung aussehen. Und doch ist es Gottes Weg, dich vorzubereiten. Nicht auf das, von dem du denkst, dass es die Vision ist, sondern auf das, was Er wirklich im Sinn hat:

Die Verbindung von deinem Traum mit Seinem.

Dieser Weg rüstet dich *im Hier und Jetzt* mit all den Dingen aus, von denen du noch gar nicht weißt, dass du sie *später* brauchen wirst.

Wendepunkt

Vier Jahre nachdem ich nach Manchester zurückgekehrt war, geschah etwas Merkwürdiges: eine Umkehrung der Vision.

Nachdem Gott unseren Weg breiter gemacht hat, fängt Er an, dein Hauptaugenmerk und deine Energie zu konzentrieren. Die sinnlosen Erfahrungen, die du angesammelt hast, fangen allmählich an, sich miteinander zu verknüpfen, ineinanderzugreifen ... dir *zu helfen*.

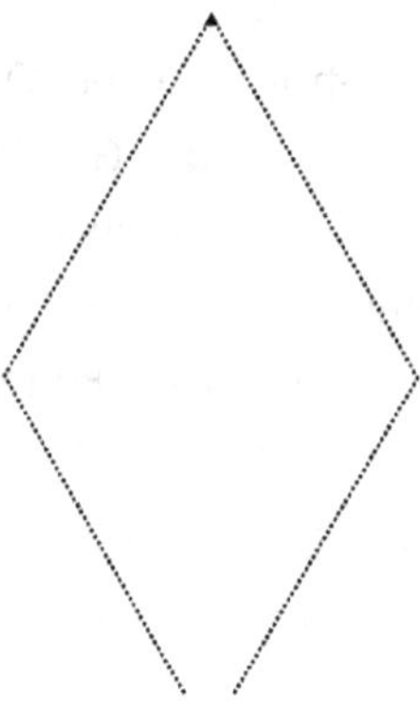

Der Sinn hinter all dem wird ersichtlich.

Als ich die Saat meiner Vision bekam, legte ich sie zuerst so aus, dass ich als Missionar nach Afrika gehen sollte. Die darauffolgenden Erfahrungen schienen jedoch meinen Fortschritt auf diesem Weg zu behindern. Doch als ich meine Berufung erkannte, Wegbereiter für eine Organisation zu sein, die Nachfolger Jesu trainiert und aussendet, da wurden die Lektionen klar.

Durch die zahllosen Besuche von älteren Menschen hatte ich als junger Mann gelernt, wie ich mit all jenen eine Beziehung aufbauen konnte, die in der Anfangszeit die Pais Teams bei sich aufnehmen und die Vision finanziell unterstützen würden. Lange und langweilige Geschäftstreffen gaben mir Einblick in rechtliche Fragen und Grundlagen, mit denen ich mich befassen musste, als wir gemeinnützige Vereine in verschiedenen Ländern gründeten. Die endlosen Stapel an Protokollen von Pastorentreffen gaben mir einen wertvollen Einblick in das Wesen der Gemeindeleitung, was entscheidend war für das Aufbauen von Partnerschaften mit Gemeinden unterschiedlicher Denominationen.

Meine erweiterten Fähigkeiten führten zu besseren Lösungen!

> *Wenn dein einziges Werkzeug ein Hammer ist, betrachtest du jedes Problem als Nagel.*[25]

Genau wie ein schwerer Hammer wird dich der schmale, gepunktete Weg rasant und rabiat ans Ziel bringen. Wenn Gottes Plan für dich nicht mehr wäre, als dass du an einem bestimmten Ort etwas Besonderes tust, dann wäre das in der Tat der Weg, den Er für dich anlegen würde. Der Diamant jedoch formt dich zu einem selbstsicheren und neugierigen Menschen. *Denn* Gottes Plan für dich ist es, strategisch vorzugehen, wo auch immer du hingehst.

Diese Verbreiterung deines Weges, diese diamantförmige Reise, bringt zweierlei Vorteile mit sich:

Zum einen sortiert sie deine eigenen Interpretationen dessen aus, was Gott gemeint haben könnte, und berücksichtigt, was Er wirklich im Sinn hatte. Einfach ausgedrückt: Sie verhindert, dass du voreingenommen vorgehst, wenn du Gottes Führung in deinem Leben deutest. Sie verhindert, dass du voreilige Schlussfolgerungen ziehst und einen Glaubensschritt in die falsche Richtung machst.

Zum anderen gewinnt deine Vision mit einem breitgefächerten Erfahrungsschatz an Schärfe. Am oberen Ende des Diamanten verbringst du den Großteil deiner Zeit mit den Dingen, die nur du allein tun solltest. Gott setzt dich umso strategischer ein. In den Anfängen von Pais war ich mit allem möglichen beschäftigt, doch jetzt beschäftige ich mich hauptsächlich mit den Dingen, in denen ich am effektivsten bin. Die DNS meiner Aufgaben ist viel mehr im Einklang mit dem Plan, den Gott mir gegeben hat. Heute erfülle ich den Traum, doch auf eine Art und Weise, die ich mir nicht erträumt hatte. Gott hat mich in Bereichen trainiert, von denen ich nie wusste, dass ich sie bräuchte, denn Er braucht mich mehr, als es mir bewusst war.

Es gibt Diamanten, weil wir unsere Vision am besten als Leitmotiv, und nicht als Zielscheibe betrachten.

Ich dachte, ich sollte Missionar werden.

Stattdessen helfe ich anderen, Missionar zu werden.

Gesprächsaufhänger

1. Markiere mit einem Kreis, an welchem Punkt in diesem Muster in Gottes Reich du dich befindest.

2. Warum siehst du dich dort? Schreibe es auf.

3. Wärest du gerne an einer anderen Stelle? Wenn ja, markiere die Stelle mit einem ‚X'.

4. Erkennst du noch ein weiteres Prinzip in diesem Muster, das nicht in diesem Buch erwähnt wird?

5. Teile deine Gedanken mit uns über Social Media: #MusterInGottesReich

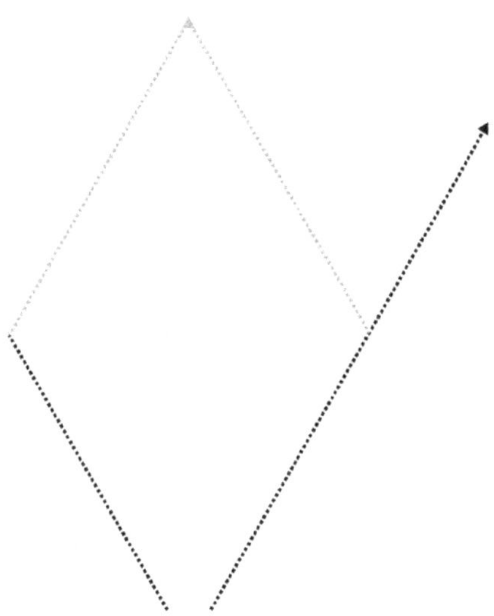

DIAMANTEN | Der Pilger

Josef

Wir können so viel von jenen lernen, die uns vorausgegangen sind.

> *Da wir nun so viele Zeugen des Glaubens um uns haben, lasst uns alles ablegen, was uns in dem Wettkampf behindert, den wir begonnen haben – auch die Sünde, die uns immer wieder fesseln will. Mit Ausdauer wollen wir auch noch das letzte Stück bis zum Ziel durchhalten.*[26]

Einer dieser Zeugen ist Josef, dessen Leben ein Paradebeispiel für diamantförmiges Wachstum ist. Seine Geschichte begann mit einem Traum: einem Saatkorn, das Gott ihm während des Schlafes ins Herz und ins Denken pflanzte und das er daraufhin mit seinem Vater und seinen Brüdern teilte.[27]

> *„Hört, was ich geträumt habe", begann er. „Wir waren draußen auf dem Feld und banden das Getreide in Garben zusammen. Meine Garbe stellte sich auf und blieb stehen. Eure Garben scharten sich um sie und verneigten sich vor ihr!"*[28]

Tatsächlich hatte er zwei Träume; beide schienen anzudeuten, dass seine Familie sich ihm eines Tages unterwerfen würde. Er nahm offenbar an, dass seine Verwandtschaft diese Offenbarung mit Begeisterung aufnehmen würde. Ich frage mich, ob er vielleicht sogar so naiv war, anzunehmen, dass sie ihn an Ort und Stelle zu ihrem Anführer krönen würden. So oder so, ich bin mir sicher, dass er dachte, dass Gott ihn auf direktem Weg dorthin führen würde.

Aber nein. Als Nächstes stand ihm bevor, in die Sklaverei verkauft zu werden!

> *Dann holten sie Josef aus der Zisterne und verkauften ihn für 20 Schekel Silber an die Ismaeliter, die ihn mit nach Ägypten nahmen.*[29]

Dieser eine Augenblick schien sein Leben genau in die falsche Richtung zu lenken, weg von seinem Traum! Schließlich führte ihn seine Reise zu Potifar, einem Hofbeamten des Pharao, der ihn als Sklaven kaufte.[30] Dennoch – und das ist bedeutsam – schenkte Gott ihm Erfolg, als er seinem neuen Meister gute Dienste leistete.

> *Der Herr half Josef und ließ ihm alles gelingen, während er im Haus seines ägyptischen Herrn arbeitete.*[31]

Doch ich wette, dass es sich für ihn nicht so *anfühlte*, als sei Gott bei ihm!

Ich frage mich, was Josef zu diesem Zeitpunkt wohl dachte. Womöglich begann er zu glauben, dass sein Traum weniger mit seiner Familie als vielmehr mit Potifars Hausgemeinschaft zu tun hatte. Doch kaum hatte er angefangen, sich in seine Rolle einzuleben und erste Erfolge zu erzielen, traf ihn ein noch verheerenderer Schlag: Potifars Frau versuchte, Josef zu verführen. Und weil er sie zurückwies, beschuldigte sie ihn des Versuchs, sie zu vergewaltigen.[32]

> *Als sein Herr hörte, wie ihm seine Frau erzählte: So hat es dein Sklave mit mir getrieben!, packte ihn der Zorn. Er ließ Josef ergreifen und in den Kerker bringen, wo die Gefangenen des Königs in Haft gehalten wurden. Dort blieb er im Gefängnis.*[33]

Josef befindet sich eindeutig in der unteren Hälfte des diamantförmigen Wachstums und es wirkt so, als *entferne* er sich immer weiter von der Vision, die er bekommen hatte.

Wie verzweifelt er sich gefühlt haben muss …

Wie einsam!

Wie vergessen!

Wie verwirrt!

Als er jedoch im Gefängnis war, wurde ihm erneut Verantwortung gegeben und Gott segnete ihn darin.[34] Dann ereignete sich etwas Merkwürdiges: Er wurde gebeten, die Träume zweier Mitgefangener zu deuten, eines Mundschenks und eines Bäckers. Und genau wie Josef es voraussagte, trat es später auch ein: Der Bäcker starb und der Mundschenk wurde vom Pharao wieder in sein Amt eingesetzt.[35]

Großartig! Josef hatte seine Sache nicht nur richtig gemacht, der Mundschenk versprach ihm sogar, sich an ihn zu erinnern und ihm aus dem Gefängnis zu helfen. Doch Josef blieb für viele weitere Jahre im Gefängnis, da der Mundschenk sein Versprechen vergessen hatte. Ich kann mir kaum vorstellen, welches Elend und welchen Kummer Josef in dieser Zeit gefühlt haben muss. Doch oft, wenn die Lage hoffnungslos scheint, …

kommt es zu einem Wendepunkt.

Aus heiterem Himmel erinnerte sich der Mundschenk an Josef, der daraufhin herbeibefohlen wurde, um die Träume des Pharao zu deuten. Nachdem Josef dem König zugehört hatte, sagte er sieben Jahre reicher Ernte voraus, gefolgt von sieben Jahren schwerer Hungersnot. Obwohl seine Voraussage nicht geprüft werden konnte, sorgte Josefs Glaubwürdigkeit dafür, dass der König ihm vertraute. Der nicht mehr so junge Träumer wurde plötzlich zur rechten Hand des Pharao befördert.[36]

So wurde Josef Herr über ganz Ägypten.[37]

In den darauffolgenden Jahren näherte sich Josef mehr und mehr der Spitze seines Diamanten und tat daher immer weniger Dinge, die in seiner Berufung keine wesentliche Rolle spielten. Ihm wurden Diener und Mitarbeiter unterstellt, sodass er mehr und mehr seiner Zeit in das investieren konnte, was Gottes Pläne am effektivsten voranbrachte. Während dieser Zeit verwaltete Josef die Einlagerung und dann die Verteilung der Nahrungsmittel in Ägypten und wendete effektiv die Auslöschung seines Volkes durch den Hungertod ab!

Sein Diamant kehrte sich nicht nur um, er spitzte sich zu einer durchdringenden Schärfe zu.

Das erste Buch Mose erzählt uns die restliche Geschichte. Es ist eine vielschichtige Erzählung, sehr lesenswert, und voller überraschender Wendungen. Spoiler-Alarm: Die Geschichte handelt davon, wie Josefs Familie nach Ägypten kam und wortwörtlich vor Josef auf die Knie fiel und ihn um Hilfe bat.

Josefs Traum war Wirklichkeit geworden.

Doch als der Traum erst aufkeimte, sah er nicht so aus, fühlte sich nicht so an, und schmeckte nicht so, wie er ihn sich vorgestellt hatte. Er war viel größer, viel besser und vor allem kam er zur richtigen Zeit: als Josef bereit dafür war!

Natürlich

Manchmal drückt die Bibel in nur wenigen Worten aus, was in Wirklichkeit ein komplexer Vorgang gewesen sein muss. Zwischen der Erkenntnis, dass jemand einen Traum deuten kann, und dem Glauben, dass er ein Land zu regieren vermag, liegt ein gewaltiger Schritt. Deshalb bin ich überzeugt, dass der Pharao nicht nur Josefs *übernatürliche* Fähigkeit sah, sondern dass er auch von seiner *natürlichen* Fähigkeit beeinflusst wurde.

Josef war durch sein diamantförmiges Leben gewachsen. Egal, wie enttäuscht, ernüchtert oder verlassen er sich fühlte, Josef ließ nie zu, dass dies negative Auswirkungen auf seine Treue zu dem hatte, was Gott ihm gab. Vielmehr banden diese Erfahrungen ihn enger an einen Gott, der ihn gebrauchen würde, um sein Volk zu retten; *seine* Träume waren gestorben und Gottes Träume waren mehr und mehr ins Blickfeld gerückt. Diese Bindung zwischen seinem und Gottes Charakter war der Schlüssel, durch den er den Diamanten erfolgreich durchlaufen konnte.

Als junger Mann zeigte Josef die Art von Verantwortungsbewusstsein, die sein Vater gebrauchen konnte. Er machte Besorgungen und erledigte seine Arbeit auf solche Weise, dass er sich die Liebe seines Vaters und das bekannte farbenprächtige Gewand verdiente. Seine kleineren Aufgaben, die er innerhalb seiner Familie treu erfüllte, verliehen ihm auch die Fähigkeit, Potifars Hausgemeinschaft zu verwalten. Indem er diese Verantwortung übernahm, sammelte er wiederum Erfahrungen, die er dafür benötigte, eine staatliche Einrichtung zu leiten. In jeder Phase entwickelte und vergrößerte sich seine Hingabe dazu, Bestleistungen zu erbringen.

Eines Tages geschah schließlich Folgendes:

> *Und der Pharao sagte zu Josef: „Hiermit gebe ich dir Vollmacht über ganz Ägypten."*[38]

In der Kürze einer Randnotiz zeigt uns Vers 41 die Frucht der Saat, die Josef die ganze Zeit über beschützt hatte. Der Pharao hatte nicht nur Josefs geheimnisvolle Begabung erlebt, sondern gewiss auch seine

Erfolgsbilanz in Sachen Verwaltung, die er über viele Jahre aufgebaut hatte.

Was zuvor unter der Oberfläche gewachsen war und sich aus allen möglichen Quellen Nährstoffe geholt hatte, brach nun an die Oberfläche und wuchs zu schwindelerregender Höhe.

Übernatürlich

Doch der Wachstumsdiamant bringt die Möglichkeit mit sich, in mehr als eine Richtung zu wachsen.

Gott beugte sich nicht nur herab, um Josef auf natürliche Weise vorzubereiten, sodass seine Knöchel im entscheidenden Moment nicht wanken würden, sondern auch, um ihn auf übernatürliche Weise zu trainieren.

Der historische Kontext ist wichtig, um Josefs Geschichte voll und ganz zu verstehen. Denn zur Zeit Josefs wurde Träumen eine viel größere Bedeutung zugesprochen. Wenn jemand im Schlaf eine göttliche Erscheinung hatte, wurde der Ort, an dem er geschlafen hatte, ein heiliger Ort.[39] Handbücher, die das Traumdeuten erklärten, waren sowohl beliebt als auch teuer. Wenn jemand ein Problem hatte und den Rat der Götter benötigte, konnte er ein Orakel aufsuchen oder eine Nacht im Tempel verbringen. Denn die Menschen glaubten, dass es wahrscheinlicher war, dass ihr Gott ihnen an einem heiligen Ort einen Traum gäbe.

Aufzeichnungen zeigen auch, dass es zu jener Zeit verschiedene Kategorien von Träumen gab. Jede Kategorie hatte eine andere Deutungsebene, welche dem Deuter wiederum einen anderen Stellenwert zuerkannte.[40] Die Erläuterung dieser Kategorien enthüllt einen weiteren Aspekt von Josefs diamantförmiger Reise.

Zunächst gab es *,einfache Träume'*.

Diese Visionen waren eindeutig und selbstverständlich; eine Auslegung war nicht nötig, da der Träumende sie umgehend verstehen konnte.

Die zweite Ebene enthielt die *‚einfachen symbolischen Träume‘*.

Sie waren nicht so klar wie die Träume der ersten Ebene, denn sie umfassten Motive oder Metaphern. Doch nach einiger Zeit der Meditation ergaben auch sie Sinn für den Träumenden.

Auf der dritten Ebene kamen dann die *‚komplexen symbolischen Träume‘*.

Diese Art der Bildsprache ging noch immer einher mit Zahlen und Symbolen und doch gab es einen entscheidenden, großen Unterschied: Diese Traumart konnte nicht vom Träumenden selbst ausgelegt werden, sondern erforderte einen Außenstehenden, in der Regel einen Spezialisten, um sie zu entschlüsseln. Menschen, die Träume auf dieser Ebene auslegten, hatten Aussicht auf eine ziemlich gute Karriere.

Die letzte und erhabenste Traumkategorie nenne ich *‚königliche komplexe Träume‘*.

Auch dies war eine Botschaft, die ausgelegt werden musste, doch das Entscheidende war, dass sie sich an eine einflussreiche Person richtete. Was diesen Traum von jedem anderen abgrenzte, war, dass er nicht nur Auswirkungen auf den Träumenden selbst hatte, sondern auch auf jeden, der unter seiner Führung stand.

Wenn wir dieses Muster in Gottes Reich in Josefs Leben zurückverfolgen, braucht es keinen Hirnchirurgen, um zu deuten, was vor sich ging: Während er den Diamanten durchlief, gewann er ein tieferes, geistiges Verständnis. Es gibt keine Aufzeichnung darüber, dass Josef bereits vor dem Traum in seiner Geschichte Träume hatte; und doch sehen wir, dass seine Brüder ihn als ‚den Träumer‘ bezeichnen.[41] Es ist möglich, dass sie sich damit auf den Traum beziehen, von dem wir wissen, es kann aber auch ein Hinweis darauf sein, dass er bereits den Ruf eines Träumers hatte. So oder so, wir können ein geistiges Wachstum erkennen. Denn was er mit seinen Brüdern teilte, war ein einfacher symbolischer Traum, doch als der Mundschenk und der Bäcker des Pharao ihn um Rat baten, war Josef Spezialist für komplexe symbolische Träume geworden.[42] Die Diener des Königs profitierten von einem Mann, der in einer geheimnisvollen Kunst wuchs, die Gott in ihm nicht nur guthieß, sondern sichtbar segnete.

Schließlich trug der Pharao die höchste Traumebene an unseren jungen Helden heran, einen *königlichen komplexen Traum*, und dieser deutete ihn mühelos.[43]

Sowohl in der natürlichen als auch in der übernatürlichen Welt profitierte Josef von einem Weg, den Gott verbreitert hatte. Josefs Leben veränderte sich nicht auf einen Schlag oder aus einer Laune des Pharao heraus. Obwohl es einen Augenblick gab, in dem sich alles verändert zu haben *schien*, hat sich die Veränderung in Wirklichkeit über Jahre vollzogen.

Sobald sein Zeitpunkt gekommen war, musste Josef nichts *ausprobieren*; er war bereits *ausgebildet*.

Gesprächsaufhänger

Sieh dir die folgenden Ereignisse in Josefs Leben an. Überlege, an welcher Stelle in diesem Muster in Gottes Reich sich Josef zum jeweiligen Zeitpunkt befand und trage die jeweilige Nummer unten im Muster ein.

1. Josef hat seinen Traum: 1. Mose 37, 5

2. Josef in Potifars Haus: 1. Mose 39, 2

3. Josef wird ins Gefängnis geworfen: 1. Mose 39, 19-20

4. Josef deutet den Traum des Pharao: 1. Mose 41

5. Josef lässt seine Familie in Ägypten wohnen: 1. Mose 47, 11

Welches Schlüsselprinzip kannst du in Josefs diamantförmiger Reise erkennen?

Teile dein Prinzip mit uns über Social Media: #MusterInGottesReich

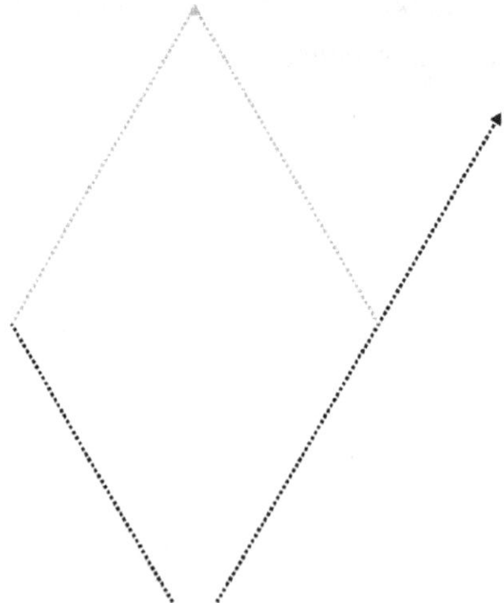

DIAMANTEN | Die Anwendungen

Anwendung #1: *Erkenne das Saatkorn an … als das, was es ist!*

Es ist wichtig. Es ist bedeutungsvoll. Es ist die Vision.

Die untere Hälfte des Diamanten ist genauso Teil der Vision wie die Spitze. Wir müssen uns darüber im Klaren sein, dass Gottes Vision für unser Leben den gesamten Diamanten umfasst. Entlang dieses ganzen Weges bindet Gott dich immer stärker an Ihn.

Josef war sechzehn Jahre alt, als er seinen Traum bekam. Er war dreißig Jahre alt, als dieser ‚in Erfüllung ging'. Das waren vierzehn lange Jahre, in denen er den Diamanten durchlief, jedoch *nicht* vierzehn Jahre, in denen er darauf wartete, dass die Vision in Erfüllung ging. Vierzehn Jahre lang hat er nach dieser Wahrheit gelebt. Denke daran: Gottes Traum für dich ist nicht, dich an einen bestimmten Ort zu bringen oder dir eine bessere Stellung zu geben. Sein Traum ist es, dich an Seinen Plan zu binden, und das geschieht *den ganzen Weg entlang*.

Vor vielen Jahren erzählte mir eine Frau, dass Gott ihr eine Vision für mich gegeben hätte. In der Vision sah sie ein junges Fohlen, gerade mal ein paar Monate alt, das in einem kleinen Auslauf an einen Zaun gebunden war. Es schaute aufgeregt und unruhig zum nächsten Feld hinüber, wo die ‚großen Pferde' spielten. Noch während sie mir das erzählte, war mir sofort klar, was die Botschaft war; mehr noch: Sie passte vollkommen zu dem, wie ich mich fühlte. Ich hatte so viele Helden im Kopf und konnte die Lebensgeschichte von einigen der berühmtesten neuzeitlichen Missionare nacherzählen. Ich wollte unbedingt loslegen und einer von ihnen sein. Ich wollte mit den großen Pferden rennen.

Sie fuhr fort und erklärte, dass dieses kleine Pferd alles daran setzte, an dem Strick zu ziehen, zu reißen und zu nagen, von dem es gehalten wurde. Doch es musste geduldig sein, denn falls es ihm gelänge, über den Zaun zu springen, würde es von den anderen, viel größeren Tieren verletzt.

Ja, ich hatte so viel zu lernen. Aber noch wichtiger war: Ich hatte so viele Menschen, denen ich dienen musste. Die Jahre, in denen ich bei Co-Op arbeitete und meinem Pastor assistierte, waren keine Zeit, in der ich nur auf der Stelle trat. Sie waren genauso wichtig wie die Reise, auf der ich mich jetzt befinde. Das Muster in Gottes Reich ist die Herausforderung, für Gott die beste Version deiner selbst zu sein — nicht nur, wenn du ans ‚Ziel' kommst, sondern auf jedem Schritt des Weges.

Gott gibt dir keine Zielscheibe, die du treffen solltest, sondern ein Leitmotiv, nach dem du leben kannst ... *überall* und *zu jeder Zeit*.

Edding

Anwendung #2: *Erzwinge eine Gelegenheit und du verdirbst dir eine Möglichkeit in der Zukunft!*

Sei geduldig. Sei bereit. Sei produktiv auf deinem Weg.

Wenn Gott uns einen Traum gibt, ist es erst einmal nur eine Absichtserklärung. Wenn ich anderen dieses Muster in Gottes Reich vorstelle, zeige ich ihnen ein Bild von einem Säugling und einem

Kleinkind. Das Kleinkind hat ein breites Lächeln auf seinem Gesicht, einen Edding in der Hand und beide Arme zum triumphierenden Jubel in die Luft gestreckt. Offensichtlich feiert es gerade seinen Erfolg und lässt sich für sein Kunstwerk preisen. Neben ihm sehen wir seine schlafende kleine Schwester, die von Kopf bis Fuß vollgekritzelt ist.

Gott wird einem unreifen Jünger niemals einen geistlichen Edding in die Hand geben.

Warum?

Er weiß, dass wenn wir eine wichtige Gelegenheit zu früh erhalten, wir wahrscheinlich nicht nur Chaos anrichten, sondern uns obendrein auch noch unsere Zukunftsperspektiven verspielen.

Viele der heutigen Christen neigen dazu. Und wir sind nicht die Einzigen. Einige Bibelausleger nehmen an, dass Josef versuchte, seinen Traum zu verwirklichen, indem er anderen davon erzählte.

> *Als er dies seinem Vater und seinen Brüdern erzählte, fuhr sein Vater ihn an. „Was soll dieser Traum!", rief er. „Sollen wir uns vielleicht alle vor dir niederwerfen, ich, deine Mutter und deine Brüder?"*[44]

Ich habe selbst die Erfahrung gemacht, dass ich bestimmte Gelegenheiten zu früh erzwungen habe. Als ich jünger war, habe ich mir zum Beispiel die Möglichkeit dazu verschafft, öffentliche Vorträge zu halten, für die ich einfach noch nicht bereit war. Inzwischen sind zwanzig Jahre vergangen und vermutlich haben mich einige Menschen noch immer mit meinem damaligen Kompetenzniveau in Erinnerung; wahrscheinlich hätten sie kein gutes Gefühl dabei, mir noch einmal eine solche Gelegenheit zu geben.

Greife nicht jetzt nach dem, was Gott dir später geben will.

Kern

Anwendung #3: *Verliere niemals aus den Augen, was du gesehen hast!*

Definiere es. Widme dich ihm. Lass dich durch nichts davon abbringen.

Das Problem mit dem Diamanten ist, dass dieser Weg sehr lange dauern kann, und während wir unterwegs sind, können wir leicht aus den Augen verlieren, was Gott uns wirklich ins Herz gepflanzt hat. Während Sein wahrer Traum zu verblassen beginnt, rückt oft ein Pseudo-Traum an seine Stelle.

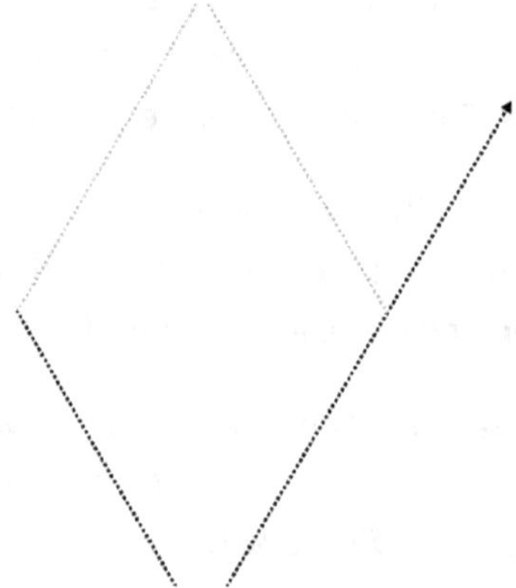

Glaubst du, dass du Gott vielleicht falsch verstanden hast?

Oder hast du das Gefühl, dass Gott es vergessen hat?

Wenn das geschieht, neigen wir dazu, die Grundlagen des Traums zu ersetzen. An ihre Stelle rückt eine Weiterentwicklung dessen, was wir im Moment tun.

Wir müssen aufpassen, dass wir den *Kern* dessen, was Gott uns gesagt hat, nicht aufgeben, und ihn stattdessen durch etwas ersetzen, was Er gemeint haben *könnte*.

Wie erkennen wir, dass wir genau das tun? Wenn wir nicht mehr fragen: „Wie erziele ich die größte Wirkung für Gottes Reich?", sondern uns stattdessen fragen: „Wie erfülle ich meinen Traum am schnellsten?"

Unser Mitpilger Abraham machte einen ganz ähnlichen Fehler, nachdem er sein Leitmotiv empfangen hatte.

... denn ich habe dich gemacht zum Vater vieler Völker.

Er verlor den Kern des *„denn ich"* und ersetzte es mit einem Beispiel, so wie er es sich vorstellte. Er nahm an, dass es auf eine bestimmte Art und Weise geschähe. Als es aber länger dauerte, als er sich erhofft hatte, suchte er nach Gottes Führung bei seinen Freunden und Verwandten.

Doch Sarai, die Frau Abrams, bekam keine Kinder. Sarai hatte jedoch eine ägyptische Sklavin namens Hagar. Da sagte Sarai zu Abram: „Der Herr hat mir keine Kinder geschenkt. Schlaf du mit meiner Sklavin. Vielleicht kann ich durch sie Kinder haben." Abram war einverstanden.[45]

Abrahams Abkürzung zeugte zwei Brüder, zwei Völker, die sich jahrhundertelang gegenseitig bekämpft haben: die Juden und die Araber.

Wenn du weißt, was Gott gesagt hat, ersetze es nicht mit dem, von dem du hoffst, dass Er es gemeint hat.

Nieten

Anwendung #4: *Sei dir bewusst, dass ein Diamant in einem anderen liegen kann!*

Glaub daran. Rechne damit. Sei dadurch ermutigt.

In der Vergangenheit war weithin bekannt, dass ein Diamant am besten mit einem anderen Diamanten geschliffen werden kann. Gott scheint noch immer der Meinung zu sein, dass das die beste Methode ist. Dein Leben kann also in der Tat wie ein großer Diamant aussehen, der aus etlichen kleineren besteht.

Gott hat für uns vorgesehen, dass wir durch Wiederholung wachsen. Jeder Diamant zwingt uns dazu, die Eigenschaften in uns aufzunehmen, die wir brauchen, um Seinen Traum zu verwirklichen. Währenddessen werden die Träume von uns abgeschlagen, die Seinen Plan verfehlen.

Dieser Prozess dauert eine ganze Weile, unter Umständen sogar ein Leben lang. Deshalb ist es gut, sich daran zu erinnern, dass die Versprechen Gottes mit der Sydney Harbour Bridge vergleichbar sind. Sie ist eine der größten technischen Meisterleistungen Australiens, ein Wahrzeichen, welches das Geschäftsviertel der Stadt und das Nordufer überbrückt. Sie wurde 1932 eröffnet und bis 2012 hielt sie den *Guinness-Weltrekord* als die Brücke mit der größten Spannweite. Sie hat noch viele weitere Rekorde gehalten, doch eines ihrer wesentlichen Strukturmerkmale ist es, dass nur sechzehn Muttern und Schrauben verwendet wurden.

Die Brücke wird fast ausschließlich von sechs Millionen Nieten zusammengehalten!

Warum? Nun, als diese Brücke entworfen wurde, war sie darauf ausgelegt, niemals demontiert zu werden. Dasselbe gilt auch für Gottes Versprechen: Sie reichen von dem Augenblick, an dem wir einen Traum erhalten, bis zu dem Augenblick, in dem er Wirklichkeit geworden ist. Und doch ist vielleicht mehr als nur ein Diamant nötig, um Gottes Vision für dich voll und ganz zu erfüllen. Indem du dir also eingestehst, dass ein bestimmter Traum Teil von etwas viel Größerem sein kann, gibst du dir selbst die Möglichkeit, dein Leben auf etwas viel Bedeutenderem als dir selbst aufzubauen.

Denk daran: Abkürzungen bringen nur vorübergehenden Gewinn ... doch Diamanten sind für die Ewigkeit!

Preisverleihung

Anwendung #5: *Suche nach Hinweisen in deiner bisherigen Geschichte!*

Nimm sie an. Beschäftige dich mit ihnen. Lerne von ihnen.

Deine Vergangenheit bereitet dich auf das vor, was in Zukunft vor dir liegt.

Im zweiten Buch dieser Reihe habe ich von meiner Mutter erzählt: von ihrer Beharrlichkeit und ihrem hartnäckigen Entschluss, dafür zu sorgen, dass ich an der Schule ihrer Träume angenommen würde.[46] Es ist eine merkwürdige Geschichte, zu der viele ihre Bemerkungen gemacht haben. Meine Mutter hatte noch eine andere Seite, die für mein Wachstum wenig förderlich schien; sie tat scheinbar genau das Gegenteil. Doch in Wirklichkeit erreicht sie auch damit dasselbe Ziel, nur auf andere Art und Weise.

Ich fing an zu arbeiten, als ich zwölf Jahre alt war, und habe bis heute nicht damit aufgehört. Zusammen mit meinem Vater ermutigte mich meine Mutter bereits in frühen Jahren, Arbeit zu finden. Ich verteilte Kataloge für ein örtliches Teppichgeschäft. Mit dreizehn Jahren fing ich als Golfcaddy an. Ich habe es gehasst. Jeden Samstag und Sonntag, als die anderen Kinder spielten, zog ich vier Stunden lang einen Golfwagen hinter mir her, mit einer Golftasche, die ungefähr mein eigenes Körpergewicht hatte. Ich brauchte eine Stunde zum Golfplatz und eine Stunde nach Hause. Ich bekam nur ein Pfund Sterling am Tag und ich brauchte zehn Pennys für einen Marsriegel, um den Tag zu überstehen. Das sind 90 Pennys Gewinn für sechs Stunden Arbeit.[47]

Als ich Christ wurde, war ich wahrhaftig ‚gerettet', denn sonntags zur Kirche zu gehen hieß, dass ich nicht mehr als Golfcaddy arbeiten musste. Ich hatte jedoch keine Aussicht darauf, mit der Arbeit aufhören zu können. Meine Mutter nahm mich zu einem Co-Op Supermarkt in der Nähe mit und ich wurde für donnerstagabends, gelegentlich freitagabends und ganztägig samstags angestellt. Meine Mutter verfolgte damit ein Ziel ... dass ich „den Wert des Geldes verstehe".

Ich erinnere mich noch daran, wie ich als kleiner Junge zum ersten Mal alleine ins Stadtzentrum gefahren bin. Obwohl ich nie die Orientierung verlor, verlor ich dennoch den größten Teil meines Busgeldes für die Heimfahrt. Ich rief meine Mutter an und fragte, ob sie mich abholen könne, doch sie weigerte sich. Anstelle „Taxi Service Doris" in Anspruch zu nehmen, sollte ich „kreativ werden". Also kaufte ich ein verschlossenes Sechserpack Postkarten von den wenigen Pennys, die ich noch in der Tasche hatte, packte sie aus, und verkaufte sie einzeln auf der Straße, bis ich genügend Geld gesammelt hatte, um nach Hause zu fahren.

Pais hat von dem profitiert, was ich von meinen Eltern über Verwaltung und Verantwortung gelernt habe. Wir sind bei unseren finanziellen Unterstützern schon immer dafür bekannt gewesen, dass wir jeden Cent so einsetzen, dass er weit reicht und viel bewirkt. Wir sind auch dafür bekannt, andere zu bevollmächtigen und ihr Potenzial zu Tage zu bringen. Einige unserer Methoden dafür habe ich aus Büchern oder von anderen kennengelernt. Aber mit den meisten, und zweifellos den wichtigeren, bin ich groß geworden.

Als ich Mitte zwanzig war, starb meine Mutter an Krebs. Sie hatte die meiste Zeit ihres Lebens als Krankenschwester gearbeitet, doch für die letzten Jahre war sie an einer Schule für Kinder mit körperlicher und geistiger Behinderung angestellt. Ein paar Monate nach der Beerdigung wurden mein Vater und ich zur jährlichen Preisverleihung der Schule eingeladen. Es war das erste Jahr, in dem sie den Preis verliehen, der später der jährliche Doris Gibbs Preis werden sollte. Ehe sie den Preisträger bekanntgaben, stand einer der Lehrer auf und fing an, uns alle an die legendäre „Lebensphilosophie" von Doris zu erinnern.

Welche Lebensphilosophie?!!

Ich empfand Stolz und war zugleich äußerst verwirrt. Das war mir alles neu! Wir hörten, wie Doris Gibbs sich für Eigenständigkeit und Einfallsreichtum einsetzte. Sie habe insbesondere dazu aufgerufen, Schüler zur Selbstständigkeit zu verhelfen. An jenem Tag ging der Preis zu ihrem Andenken an ein Kind, das sich zu Beginn des Schuljahres nicht eigenständig anziehen konnte, doch es am Ende des Schuljahres gelernt hatte. Doris Gibbs, so wurde uns erzählt, hätte das geliebt. Seither widmet die Schule ihrem Andenken jedes Jahr den Erfolg eines Kindes in Selbstständigkeit.

Manchmal kann sich unsere Vergangenheit wie ein Rätsel anfühlen; manchmal werden wir sogar dazu ermutigt, die Vergangenheit hinter uns zu lassen. Sollten wir das wirklich? Gott nutzt alle Dinge aus unserer Vergangenheit, damit sie in der Zukunft denen zum Besten dienen, die Ihn lieben.

Gott liebt uns und trainiert uns, weil Er etwas über unsere Zukunft weiß. Und unerklärlicherweise wusste meine Mutter wohl auch so einiges darüber. Als kleiner Junge fragte ich sie einmal, warum ich den Zweitnamen Clayton bekommen hatte, was für einen Jungen aus

Nord-Manchester ein bisschen zu nobel klang. Sie sagte mir, das wäre für den Fall, dass ich einmal auf der Bühne stünde ... oder ein Buch schreiben sollte.[48]

Unsere bisherige Geschichte. Sie gibt uns einen Hinweis.

Gesprächsaufhänger

Anwendung #1: *Erkenne das Saatkorn an ... als das, was es ist!*

Anwendung #2: *Erzwinge eine Gelegenheit und du verdirbst dir eine Möglichkeit in der Zukunft!*

Anwendung #3: *Verliere niemals aus den Augen, was du gesehen hast!*

Anwendung #4: *Sei dir bewusst, dass ein Diamant in einem anderen liegen kann!*

Anwendung #5: *Suche nach Hinweisen in deiner bisherigen Geschichte!*

1. Welche dieser Anwendungen trifft an diesem Punkt deiner Reise am ehesten auf dich zu?

2. Was ist der nächste praktische Schritt, den du gehen kannst?

3. Welche Fragen hast du noch?

4. Welchen Ratschlag habe ich nicht erwähnt, den du jemandem geben würdest, der in diesem Muster unterwegs ist?

5. Teile deinen Ratschlag und deine Fragen mit uns über Social Media: #MusterInGottesReich

2

GIPFEL

GIPFEL | Das Muster

Tiefe

Glauben ist gipfelförmig.

Wenn Gott uns einen Traum gibt, werden wir oft von jenen inspiriert, die ihre Träume verwirklicht haben. In diesem Augenblick kann sich eine Versuchung einschleichen: Wir wollen dort sein, wo unsere Helden sind, doch wir sind nicht bereit, den Weg zu gehen, auf dem sie dorthin gelangt sind.

Vielleicht verstehen wir das noch nicht einmal.

Warum? Wahrscheinlich weil wir das wichtigste Ziel des Glaubens nicht ganz verstehen.

Als mein ältester Sohn Joel noch sehr jung war, hörte er damit auf, mich zu umarmen. Er war einfach zu beschäftigt! Er hielt nie inne für eine innige Umarmung, also musste ich kreativ werden. Ich nahm ihn zum Beispiel mit ins Schwimmbad und trug ihn an das flache Ende des Beckens. Er planschte, spielte und alberte dort herum. Allmählich führte ich ihn dann dorthin, wo das Becken immer tiefer wurde; zuerst war er bis zu den Knöcheln im Wasser, dann bis zu den Knien, dann bis zur Hüfte und schließlich bis zur Brust. Irgendwann wurde Joel klar, dass wir uns zum tieferen Ende des Beckens hinbewegten; er klammerte sich mit einem nervösen Lachen an mich und sein Griff an meinen Schultern wurde immer fester, bis er mich schließlich gänzlich umschlungen hatte. Er spürte, dass er am tiefen Beckenende in größerer Gefahr war als im flachen Ende.

Natürlich lag er damit falsch.

Da er noch nicht schwimmen konnte, war er bei einem Meter Wassertiefe genauso sehr in Gefahr zu ertrinken wie in zwei Metern. Die Wassertiefe änderte nichts daran, wie sehr er mich brauchte ...

Sie sorgte lediglich dafür, dass er sich dessen mehr *bewusst* wurde..

Die meisten von uns bei Pais ‚leben im Glauben'. Das ist eine gebräuchliche Bezeichnung für alle, die ohne garantiertes Einkommen leben: alle, die einen ‚Glaubensschritt' machen und freiwillig von der großzügigen finanziellen Unterstützung jener leben, die für diesen Zweck so viel und so häufig spenden, wie es ihnen möglich ist. In einem Monat ist Geld da, in einem anderen womöglich nicht. Doch der Gedanke, dass wir uns dadurch hervortun, dass wir im Glauben leben, ist irreführend; es suggeriert, dass andere nicht im Glauben leben müssten.

Einer hat vielleicht studiert, hat hervorragende Qualifikationen und eine sichere Stelle, doch er lebt genauso sehr vom Glauben wie wir. Unser Einkommen mag auf den freiwilligen Spenden beruhen, die Monat für Monat an Pais gehen, doch wir sind nicht in größerer Gefahr, pleitezugehen. Wir brauchen nicht mehr Glauben als andere. Unsere finanziellen Hochs und Tiefs ändern nichts daran, wie sehr wir unseren Glauben brauchen ...

Sie sorgen lediglich dafür, dass wir uns dessen mehr bewusst werden.

Warum ist also die Idee so weit verbreitet, dass nur bestimmte Menschen ‚im Glauben leben'? Womöglich sehen wir Glauben hauptsächlich als das an, was uns geistig über Wasser hält? Vielleicht meinen wir, dass Glaube nur für eine Sache da ist: damit wir daran glauben, dass uns keine schlechten Dinge zustoßen werden und dass wir sie durchstehen werden, sollten sie doch geschehen.

Doch ein Glaube, der Gott gefällt, dreht sich nicht um das eigene Überleben, sondern um ein Zusammenspiel meiner Bedürfnisse mit dem Reich Gottes!

Gott sei Dank gibt es dafür ein Muster in Gottes Reich.

Erfolg

Der Psalmist dankt Gott, dass Er ihn aus der Tiefe gezogen und ihn zu schwindelerregender Höhe emporgehoben hat. Dabei verwendet er besondere Ausdrücke.[49]

> *Als es mir gut ging, dachte ich selbstzufrieden: „Was kann mir schon passieren?" Denn du, HERR, hattest mir Macht und Sicherheit verliehen, alles hatte ich deiner Güte zu verdanken. Dann aber hast du dich von mir abgewandt, und mich packte das Entsetzen.*[50]

Gottes Wille für dich ist es, dass du in deinem Glauben wächst; doch Er hat eine merkwürdige Art, das zu zeigen. Du könntest zum Beispiel annehmen, dass die Reise, auf der dein Glauben wächst, eine gerade Linie sei.

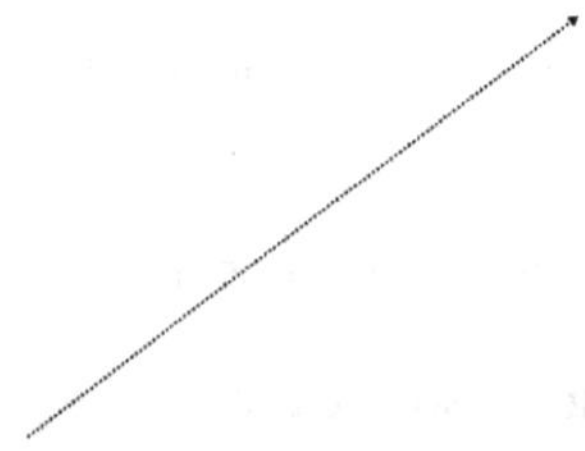

Denn Glaube erzeugt Erfolg, der wiederum größeren Glauben erzeugt, oder?

Wenn das der Fall wäre, dann sollte Gott uns immer sofort für unsere Glaubensschritte belohnen, um uns mit der Bestätigung zu ermutigen, dass unser Glaube wirkt. Der vorgesehene Weg des Glaubens brächte uns dann unaufhörlich von einem Erfolg direkt zum nächsten.

Für einen Pastor würde ein ständig wachsender Glaube dann bedeuten, dass jede Woche ein paar mehr Menschen die Gemeinde besuchten, was ihn dazu ermutigen würde, Vorkehrungen für eine stets wachsende Besucherzahl zu treffen. Für einen Firmeninhaber hieße ständig wachsender Glaube, dass die Gewinne jeden Monat anstiegen, sodass er Gottes Werk in immer größerem Rahmen finanzieren könnte. Für uns als Nachfolger Jesu hieße ständig wachsender Glaube, dass wir uns jeden Tag ein bisschen heiliger oder geistig stärker fühlten als am Tag zuvor, und mehr und mehr dazu ermutigt würden, Ihm auch in Zukunft zu folgen.

Das ist doch bestimmt der Plan, oder?

Nein. Tatsächlich ist Glaube eine Zickzacklinie mit Höhen und Tiefen.

In Gottes Reich wächst Glaube nicht durch eine Ansammlung stetiger Erfolge. Er kommt auf einem Weg zustande, der gewollt unberechenbar ist. Er ist bewusst dafür ausgelegt, uns zugleich Mut und Demut zu vermitteln, und das aus einem merkwürdigen Grund.

Gott macht uns Mut und schenkt uns Vertrauen in Ihn für all die Dinge, von denen wir *meinen*, dass Er sie tun will. Doch oft zeigt Er uns dann in der Stunde unseres Triumphs, dass wir viel Zeit damit verbracht haben, eine Glaubensleiter zu erklimmen, nur um am Ende herauszufinden, dass sie an der falschen Wand lehnt.

Dieses Muster in Gottes Reich wirkt wie ein geistliches Trainingsgerät. Gott führt uns durch eine Reihe von Höhen und Tiefen, um unsere Träume zu formen, zu zerbrechen und dann neu zu formen. Dabei ist es nicht Sein Ziel, dass unsere Träume mit Seinen im Einklang stehen, sondern dass Seine Träume zu unseren Träumen *werden*.

So sagt auch ein Sprichwort:

> *Wenn du einen Menschen auf die Probe stellen willst, lass ihn einen Fehler begehen. Doch wenn du einen Menschen wirklich auf die Probe stellen willst, lass ihn Erfolg haben.*[51]

Gott stellt uns nicht auf die Probe, um etwas über uns herauszufinden. Er ist allwissend und kennt uns bereits durch und durch. Er stellt uns auf die Probe, damit wir etwas über uns selbst herausfinden ... und über Ihn.

Bevor ich näher darauf eingehe, möchte ich anmerken, dass sie Vorstellung von Berg- und Talerlebnissen natürlich ein altes Konzept im Christentum ist. Dieses Muster in Gottes Reich ist jedoch nicht der Weg des *zufälligen* Wachstums, auf dem wir lediglich lernen, an Gott festzuhalten, wenn Dinge schiefgehen. Wie kurzsichtig das wäre! Wenn wir nur durch unsere Talerlebnisse wachsen, dann werden wir auf unseren Berggipfeln nicht an Gott festhalten. Nein. Dies ist der Weg *absichtsvollen* Wachstums, denn:

Glaube, der auf einem Berggipfel wächst, ist größer als der, der im Tal wächst.

Trügerisch

In Wahrheit ist Glaube ein bewegliches Ziel.

Ich war Mitte zwanzig, als ich meinen ersten Berg erklomm. Das war in Schottland und ich war sehr gespannt, weil ich noch nie etwas in der Art gesehen hatte. Sobald ich die Bergspitze von der Straße aus sah, wollte ich schon oben sein. Wir waren in einer Gruppe unterwegs und ich erinnere mich, dass ich allen anderen vorauslief, begierig, den Gipfel als Erster zu erreichen. Ich kam vor den anderen oben an, außer Atem doch triumphierend, und fragte mich, warum alle anderen so lange brauchten. Dann sah ich nach oben und begriff auf einmal, dass das, was ich für den Gipfel gehalten hatte, in Wirklichkeit nur die Spitze eines Hochplateaus war. Der wahre Berggipfel war zehnmal weiter entfernt, als ich ursprünglich angenommen hatte.

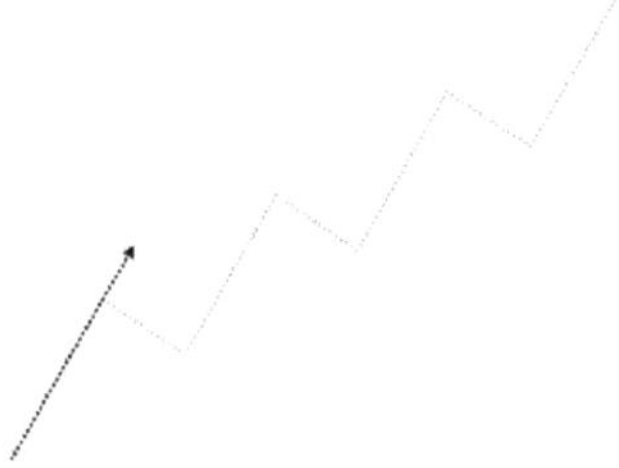

Wenn Gott uns eine Vision gibt, können wir nur trügerische Gipfel sehen.

Aus weiter Entfernung ist der Zenit der Vision zu erkennen; undeutlich und verschwommen vielleicht, doch mit einer Schönheit, die dazu inspiriert, den Aufstieg zu wagen. Doch am Fuße des Berges und größtenteils auch während des Aufstiegs ist die Sicht eingeschränkt. Alles, was hinter dieser ersten Spitze liegt, bleibt den Augen verborgen.

Gott ist clever.

Und das aus gutem Grund.

Gesprächsaufhänger

Markiere mit einem Kreis, an welchem Punkt in diesem Muster in Gottes Reich du dich befindest.

1. Warum siehst du dich dort? Schreibe es auf.

2. Wärest du gerne an einer anderen Stelle? Wenn ja, markiere die Stelle mit einem ‚X'.

3. Erkennst du noch ein weiteres Prinzip in diesem Muster, das nicht in diesem Buch erwähnt wird?

4. Teile deine Gedanken mit uns über Social Media: #MusterInGottesReich

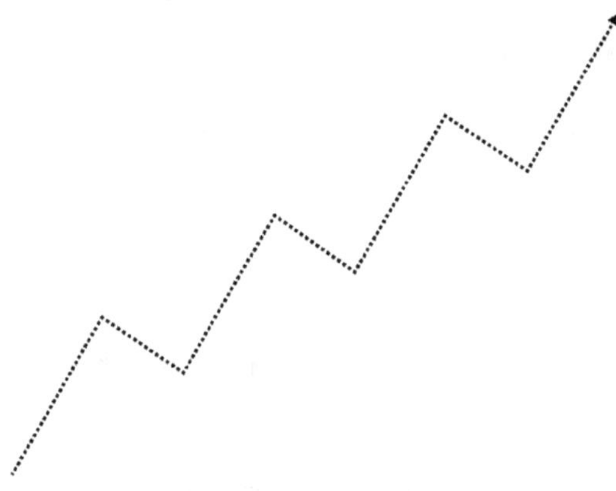

GIPFEL | Der Pilger

Glaube entwickelt sich am besten auf einem Weg, bei dem es nicht nur einen Höhepunkt nach dem nächsten gibt, sondern Höhen und Tiefen sich abwechseln. Dabei gibt es eine wichtige Dynamik: Die Höhen werden höher und die Tiefen sind nicht mehr ganz so tief, wie sie es einmal waren.

Wahrscheinlich gibt es keinen Menschen, bei dem dieses Muster in Gottes Reich so deutlich wird wie bei Petrus. Um diese Dynamik und das Ziel unserer gipfelförmigen Reise zu erläutern, schauen wir uns einen seiner trügerischen Gipfel an:

> *Am nächsten Tag verbreitete sich die Nachricht, dass Jesus auf dem Weg nach Jerusalem sei, in der ganzen Stadt. Scharen von Menschen, die zum Passahfest gekommen waren, hielten Palmzweige in den Händen und zogen die Straße hinunter, ihm entgegen. Dabei riefen sie: „Gelobt sei Gott! Gepriesen sei, der im Namen des Herrn kommt! Heil dem König Israels!"*[52]

Wie hat Petrus sich wohl gefühlt, als er bei diesem triumphalen Einzug neben Jesus herging? Beschwingt? Erfüllt? Aufgeregt? Bestätigt? Stolz?

Beinahe drei Jahre lang hatte er Jesus gedient und diesem wundertätigen Revolutionär Glauben geschenkt — das musste der Moment sein, auf den er gewartet hatte! Er war im Begriff, seinen unübertreffbaren Erfolg zu erleben. Jesus würde gekrönt, ein neues Königreich würde errichtet werden und Petrus käme eine führende Rolle in all dem zu! Fünf Tage nach dem triumphalen Einzug jedoch, ...

... hatte Petrus Jesus verleugnet.

... war Petrus allein.

... hatte Petrus den absoluten Tiefpunkt erreicht.

Stimmt das tatsächlich?

Obwohl Petrus Jesus am Abend Seiner Kreuzigung verraten hatte, war sein Verständnis von Jesu Plan für sein Leben ein viel tieferes als zu der Zeit, als er beim Fischen den übernatürlichen Fang gemacht hatte oder sogar als er auf dem Wasser gelaufen war. Er fing an, den wahren Traum Jesu zu verstehen, statt Ihm seine eigenen Erwartungen an den Messias aufzudrängen.

Doch warum musste sein Weg ihn durch so viele Höhen und Tiefen führen?

Wir müssen zuerst einmal verstehen, wer Petrus war und worauf er gehofft hatte.

Sein Ausgangspunkt war sein Beruf als Fischer. Tatsächlich galt das für viele von Jesu Jüngern, was merkwürdig ist. Die Juden fürchteten sich vor großen Gewässern, die sie ‚Abyssos' nannten. Sie glaubten, dass böse Geister in ihnen wohnten; daher war der Beruf des Fischers bei den Juden sehr selten. Deshalb ist es sehr aussagekräftig, dass fünf von Jesu zwölf engsten Freunden Fischer waren. Sie waren Männer, die es wagten, am Rande des Abyssos zu leben und die bereit waren, körperliche und geistige Gefahr auf sich zu nehmen, um Gewinn daraus zu ziehen.

Petrus selbst war kein Zelot, doch er stammte sehr wohl aus einer Gegend, die dafür bekannt war, Zeloten hervorzubringen. Die Nordküste des Sees Genezareth war eine Brutstätte für Hitzköpfe. Sie beherbergte jene, die leidenschaftlich danach trachteten, eine neue Regierung einzuführen, in der sie Untertanen Gottes statt Roms wären. Diese Gegend unterstützte jene Art von Extremisten und Revolutionären, die für ihren Glauben ihr Leben gaben und die leider auch bereit waren, sich selbst das Leben zu nehmen.[53] Eben dieses Blut eines Revolutionärs floss durch die Adern von Petrus und seine Denkweise war sehr ähnlich. Er hoffte auf einen Helden, der ein neues Königreich einleiten würde, und er erwartete irgendeine Art von Revolution oder Aufstand, um es Wirklichkeit werden zu lassen.

Anfangs glaubte Petrus also an einen Sieg, den er verstehen und von dem er begeistert sein konnte. Bis zu Jesu Tod und Auferstehung bewies Petrus große Vorstellungskraft. Er konnte sich vorstellen, wie sein Held ein neues Königreich einleitete. Er hatte den nötigen Glauben, doch ihm fehlten zwei Dinge.

Erstens hatte er nicht die Art von Königreich im Sinn, die Jesus im Sinn hatte!

Zweitens hätte er sich niemals träumen lassen, dass es so in Erscheinung treten würde, wie Jesus es geplant hatte.

Jesu Vision erforderte keine Herrschaft, sondern Unterordnung. Für den reifen Glauben, den Petrus als Katalysator und Grundpfeiler der Urgemeinde später brauchen sollte, musste er diese Vision verstehen und sich für sie begeistern.

Die Pilgerreise von Petrus war darauf ausgelegt, seinen Glauben an Gottes Glauben zu *binden*, und dasselbe gilt auch für dich! Seine gipfelförmige Reise veränderte seine Denkweise und als sich sein Denken verwandelte, verwandelte sich auch seine Fähigkeit, Gottes Willen zu erkennen.

Gottes Heimlichtuerei zielt darauf ab, uns von unseren Zielen zu trennen und zu Seinen zu führen, indem Er uns unseren Gipfel erklimmen lässt, nur damit wir dort erkennen, dass er – im Vergleich mit Gottes Zielen – überhaupt kein Gipfel ist.

Jesus nachzufolgen bedeutet nicht nur, den nötigen Glauben für die Nachfolge zu haben.

Es geht darum, Glauben für die Dinge zu haben, für die Jesus Glauben hat.

Quasi

Ich wurde noch nie festgenommen.

Ich wurde von der deutschen Polizei durch eine Berliner U-Bahn-Station gejagt, weil ich eine U-Bahn ‚beschädigt' hatte. Wachpersonal richtete einen Wasserschlauch auf mich, weil ich im Zoo übernachtet hatte. Ich wurde aus zwei Erdteilen verbannt und zweimal im Polizeigriff aus Hochsicherheitsbereichen abgeführt. Nach einer Party inklusive Drogen in meiner Wohnung wurde ich von der Polizei verhört. Ich wurde mit einer anderen Person verwechselt und angehalten, abgetastet und gegen einen Zaun gedrückt. Oh, und ich bekam einmal Hausverbot in einer Kneipe, die ich nie zuvor betreten hatte, wegen undisziplinierten Verhaltens in der Kneipe. (Eine komplizierte Geschichte.)

Aber ich wurde noch nie festgenommen.

Gott hingegen schon.

Gott wurde gefesselt und gezwungen, dorthin zu gehen, wo Er nicht hinwollte. Seltsamerweise ließ Er es zu. Genau genommen wusste Er, dass es geschehen würde.

Und Petrus ging mit Ihm ... bis zu einem gewissen Punkt.

Simon Petrus und ein anderer Jünger folgten ihnen. Dieser andere Jünger war mit dem Hohenpriester bekannt und durfte deshalb mit Jesus den Innenhof des hohepriesterlichen Palastes betreten. Petrus stand draußen vor dem Tor. Da sprach der andere Jünger mit der Türhüterin, und sie ließ auch Petrus herein.[54]

Durch den Freund eines Freundes konnte Petrus nahe an seinen geliebten Jesus herankommen und doch war er draußen vor dem Saal, in dem Jesus der Prozess gemacht wurde.

So nah und doch so fern!

Oder zumindest sah es so aus.

In der Zwischenzeit stand Simon Petrus immer noch am Feuer und wärmte sich, als sie ihn erneut fragten: „Bist du nicht auch einer von seinen Jüngern?" „Das bin ich nicht", leugnete er."[55]

Während Petrus sich von seinem Herrn distanzierte, befragte der Hohepriester Jesus zu Seinen Jüngern, anscheinend in der Hoffnung, dass er auch sie verhören könnte.

Der Hohepriester befragte nun Jesus über seine Jünger und über seine Lehre.[56]

Hätte Petrus nur zugegeben, dass er ein Jünger Jesu war, wäre er sofort hineingebracht worden und hätte direkt neben seinem Herrn gestanden.

Hast du je versucht, Gott näher zu kommen, und hast Ihn zugleich verleugnet?

Petrus schon.

Der Glaube von Petrus war begrenzt, weil er durch ihn vor allem seine eigenen Träume verwirklichen wollte. Vom Hohepriester verhört zu werden, passte nicht in sein Weltbild.

Welche Art von Glauben hatte Petrus also wirklich?

Ich war einmal bei jemandem zum Abendessen eingeladen. Ein Mitglied meiner Gemeinde stellte mich den anderen Gästen vor. Dabei hatte sie Schwierigkeiten, die richtige Bezeichnung für mich zu finden. Sie wusste, dass ich kein offizieller Pastor ihrer Gemeinde war, und doch hatte sie mich lehren, predigen und leiten gesehen. In ihrer Verzweiflung, eine zutreffende Beschreibung zu finden, gab sie bekannt, ich sei ein *Quasi*-Pastor.

Sobald ich zuhause war, schlug ich das Wort nach.

Quasi: beinahe, aber nicht ganz, zum Teil oder vortäuschend

Zum Spaß und um mir einen Scherz mit ihr zu erlauben, verkündete ich in meiner nächsten Predigt meine eigene Definition.

Quasi: fast am Ziel, könnte besser sein, würde er sich nur ein bisschen mehr anstrengen

Wir könnten den Glauben von Petrus *Quasi*-Glaube nennen. Beinahe und doch nicht ganz Jesu Glaube. Und während Petrus Jesus nachfolgt, können wir uns seine Reise wie eine Slapstick-Komödie anschauen, in der der Held immer wieder neue Herausforderungen annimmt, nur um immer wieder hinzufallen.

Er geht auf dem Wasser ... und sinkt.[57]

Er demütigt sich selbst ... und wird Satan genannt.[58]

Er versucht, sich an drei Propheten festzuhalten ... und fällt auf die Nase.[59]

Jedes Mal klopft er sich den Staub ab und macht einen Schritt nach vorne. Jedes Mal bewegt er sich auf das zu, was er für die oberste Bergspitze hält. Und jedes Mal liegt er falsch.

Doch eines ist bezeichnend: Er liegt jedes Mal ein bisschen *weniger falsch*.

Trügerische Gipfel zeigen uns, dass wir die Herausforderung nie zur Gänze verstanden haben. Wir gelangen an die Spitze eines Berges, nur um dann zu erkennen, dass wir noch weit von dem entfernt sind, was Gott im Sinn hatte. Jeder Gipfel ist daher eine Reise, die uns mehr und mehr an die Art des Glaubens bindet, die Jesus hatte. Der Anspruch an Petrus wird bei jedem Mal größer, genau wie sein Glaube.

Aber was ist größerer Glaube?

Es ist nicht *mehr* Glaube.

Nein, unser Mangel an Glauben hat nichts mit dessen *Größe*, sondern nur mit dessen *Form* zu tun.

Quant

In der Physik ist ein Quant:

> *Die kleinste Energiemenge; die kleinste für sich allein stehende Größe.*

Die Größe unseres Glaubens ist etwas, von dem nur wir besessen sind, im Gegensatz zu Jesus.

> *„Ich versichere euch: Wenn euer Glaube auch nur so groß wäre wie ein Senfkorn, könntet ihr zu diesem Berg sagen: ‚Rücke dich von hier nach da', und er würde sich bewegen. Nichts wäre euch unmöglich."*[60]

Jesus glaubt an *Quanten-Glauben*.

Denn Erfolg liegt nicht im *Ausmaß*, sondern in der *Anpassung* unseres Glaubens.

Gott will, dass wir dieselbe Art von Glauben haben wie Christus: einen Glauben an den gleichen Ausgang, an den auch Christus glaubt. Genau darum geht es bei dem gipfelförmigen Muster in Gottes Reich. Er nimmt uns auf eine Reise mit, auf der wir Seine wahren Pläne entdecken sollen — eine Reise, auf der wir einen Glauben erlangen, der an Seine Träume glauben kann, nicht die Art von Glauben, die wir für unsere eigenen Träume brauchen.

Daher ist es ein Weg, der immer wieder herausstellen muss, dass wir Seine Ziele *falsch verstehen*. Es ist ein Kurs, auf dem uns das gelingt, was wir für Seinen perfekten Plan halten, nur um anschließend herauszufinden, dass er das nicht ist.

Denn was bringt es schon, Glauben für den falschen Plan aufzubringen?

Quasi-Glaube und Quanten-Glaube unterscheiden sich voneinander. Im Quanten-Glauben gehen wir Schritte, von denen wir wissen, dass sie wehtun werden; im Quasi-Glauben nehmen wir nur an, dass das so sein könnte.

Tatsächlich scheint Quasi-Glaube den Kern des Glaubens in der Überzeugung zu sehen, dass es nicht wehtun wird. Die Anhänger des Quasi-Glaubens konzentrieren sich auf unsere *Rechte*. Sie sagen uns: Wenn wir im Glauben auf Dinge verzichten, haben wir das Recht darauf, entschädigt zu werden. Jesus hingegen setzt sich für Quanten-Glauben ein und konzentriert sich auf unsere *Verantwortlichkeiten*: Wenn wir im Glauben auf Dinge verzichten, können andere Gottes Reich empfangen.

Der Quasi-Glauben von Petrus schwand, als ihm klar wurde, dass sein Traum wehtun würde. Es passte nicht zu dem, was er als Ziel des Glaubens ansah. Aber die Dinge veränderten sich. Sein Glaube wurde ersetzt durch ein Quant von Jesu Glauben. Petrus verlor für eine Weile den Halt, denn er hatte eine Menge Glauben für den falschen Plan aufgebracht; und wir neigen genauso dazu. Doch später erzielte er eine größere Wirkung mit einer kleinen Menge Glauben an den richtigen Plan.

Was Jesus mit Petrus getan hat, will Er auch mit dir und mir tun. Er nahm das kleine Fünkchen Glauben von Petrus und zeigte ihm flüchtige Erfolgserlebnisse, nur um ihm damit vor Augen zu führen, wie wenig sie Ihm bedeuteten. Dann führte Er ihn zu einem höheren Verständnis darüber, wie wahrer Erfolg in Gottes Reich aussieht.

Quasi-Glaube trachtet nach *Privilegien*, Quanten-Glaube aber bemüht sich um *Verständnis*.

Die Geschichte davon, wie Petrus Jesus verleugnete, gewährt uns nur einen flüchtigen Blick auf ein Leben, das die Gipfel des Glaubens erklommen hat. Jede Geschichte rückte den Glauben von Petrus näher an den von Jesus. Wenn du genau hinschaust, kannst du sehen, wie sich seine Entwicklung vor deinen Augen vollzieht.

Für Petrus wurden die Höhen höher und die Tiefen waren nicht mehr ganz so tief, wie sie es einmal waren.

Bevor Petrus Jesus verleugnete, war sein Glaube schon gewachsen. Schließlich war er einer von nur zwei Jüngern, die Jesus in den Tempelhof folgten; die anderen waren geflohen, ohne zurückzublicken. Ironischerweise wurde sein Verrat dadurch ausgelöst, dass er anfing zu verstehen, dass Gott keinen gewaltsamen Sieg im Sinn hatte. Aus meiner Sicht zumindest zeigt die Verleugnung, dass Petrus anfing, an seinem eigenen Plan zu zweifeln. Er fing an, Gottes Traum zu verstehen, und während er von seinem Quasi-Glauben zu Quanten-Glauben überging, fiel er in ein geistiges Tal, das in Wirklichkeit viel höher lag, als seine vorherigen Bergspitzen.

Sein Glaube wurde nicht nur *stärker* ... er wurde *schlauer*.

Gesprächsaufhänger

Sieh dir die folgenden Ereignisse im Leben von Petrus an. Überlege, an welcher Stelle in diesem Muster in Gottes Reich sich Petrus zum jeweiligen Zeitpunkt befand und trage die jeweilige Nummer unten im Muster ein.

1. Petrus begleitet Jesus nach Jerusalem: Johannes 12, 12-13

2. Petrus leugnet, dass er ein Jünger Jesu ist: Johannes 18, 17

3. Petrus geht auf dem Wasser: Matthäus 14, 29

4. Petrus weigert sich, sich von Jesus die Füße waschen zu lassen: Johannes 13, 8

5. Petrus erlaubt Jesus, seine Füße zu waschen: Johannes 13, 9

6. Petrus bei der Verklärung Jesu: Matthäus 17, 1-9

7. Petrus predigt an Pfingsten: Apostelgeschichte 2, 41

Welches Schlüsselprinzip kannst du in der gipfelförmigen Reise von Petrus erkennen?

Teile dein Prinzip mit uns über Social Media: #MusterInGottesReich

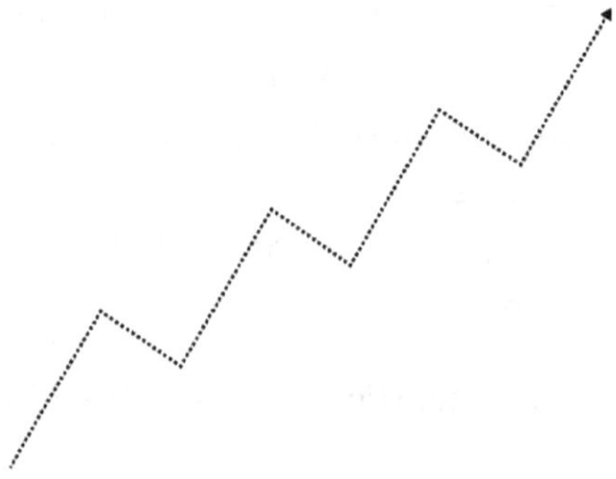

GIPFEL | Die Anwendungen

Anwendung #1: *Wenn du die kleinen Gipfel nicht angehst, wirst du niemals zu den größeren gelangen!*

Sie sind strategisch. Sie sind katalytisch. Sie bringen Frucht.

Wir können Gottes Plan nicht überspringen. Warum sollten wir auch? Gott hat so viele phänomenale Ideen für uns. Was allein ein einfacher Fischer aus Galiläa erreicht hat, ist erstaunlich:

Er hielt eine Predigt, die dreitausend Menschen dazu bewegte, Jesu Auftrag zu folgen.

Er schrieb zwei Briefe an die Kirche, die später zwei Bücher der Bibel wurden.

Er predigte viele Jahre in Kleinasien und gründete die Kirche in Antiochien.

Er gründete später einen wichtigen Gemeindestandort in Rom und diente dort als Bischof.

Er hatte den Vorsitz beim Apostelkonzil in Jerusalem im Jahr 49 nach Christus.

Er wird heute von einigen als ‚Apostelfürst' angesehen.

Und doch begann die Reise von Petrus mit einer einfachen, unangenehmen und unspektakulären Aufforderung.

Jesus stieg in sein Boot und forderte ihn auf:

Fahre hinaus, wo es tief ist, und werft eure Netze zum Fang aus![61]

Was, wenn Petrus nein gesagt hätte?[62]

Die Bindung von Petrus an Jesu Auftrag und der Erfolg, den er später erleben sollte, begannen mit einer einfachen Bitte:

„Kann ich dein Boot benutzen?"

Was wäre, wenn Petrus diese Bitte ignoriert und auf eine eindrucksvollere Herausforderung gewartet hätte? Wäre seine Pilgerreise beim ersten Hindernis ins Wanken geraten? Könnte das auch dir passieren? Könnte die Verlorenheit in deinem Leben daher stammen, dass du Seine einfachere Bitte ignoriert hast? Könntest du zu einem größeren Glauben gelangen, wenn du dich heute daran erinnern und darauf reagieren würdest?

Die wichtigsten Entscheidungen im Leben sind die kleinen.

Tal

Anwendung #2: *Du musst erst von einem Berg herabsteigen, um den nächsten zu erklimmen!*

Wage den kurzfristigen Sprung. Finde den Mittelweg. Entdecke die Langzeitperspektive.

Ob du den nächsten Gipfel erreichst, hängt nicht davon ab, ob du bereit bist, den Berg zu besteigen; es hängt davon ab, ob du bereit bist, von deinem jetzigen Berg herabzusteigen.

Ich habe schon mehrmals vor dieser Herausforderung gestanden. Ich war sehr glücklich in der Sharon-Gemeinde in Manchester. Es war die Gemeinde, die ich schon mit vierzehn Jahren besuchte, als ich Christ wurde. Dort wurde ich getauft. Dort wurde ich in den Dienst eingesetzt. Dort glaubten die Menschen an mich. Dort gaben sie mir den nötigen Raum, um Pais auf den Weg zu bringen und zu vergrößern, und ich bekam sogar ein kleines Gehalt dafür.

Eines Tages wurde Pais allerdings zu groß für das Gebäude.[63] Unsere Seminare und Konferenzen waren zu groß geworden für das Gemeindegrundstück und unser Team nahm zu viel Platz im Gebäude ein. Die DNS von Pais beruht eher auf Tausch als auf Kauf; wir möchten kein Geld für Ziegel und Mörtel ausgeben, wenn wir stattdessen unsere Fähigkeiten und Fachkenntnisse im Tausch gegen Räumlichkeiten anbieten können. Nach einem längeren Gespräch bot uns eine nahe gelegene Gemeinde mit neunzehn Mitgliedern ihr riesiges, abgenutztes Gebäude an. Das Angebot war an eine Bedingung geknüpft: Ich musste ihr Gemeindepastor werden.

Als Organisation waren wir im Wachstum begriffen und auf einem fernen Gipfel konnte ich die Möglichkeit ausmachen, eine landesweite Zentrale für unsere Organisation einzurichten, die groß genug war für ein Schulungs- und Ressourcenzentrum für unsere Teams im gesamten Vereinigten Königreich. Ich konnte allerdings auch das Tal sehen, in das ich dafür hinuntersteigen musste. Ich müsste meine Heimatgemeinde und mein Gehalt hinter mir lassen, um eine Gemeinde zu übernehmen, die mir vorerst keine Vergütung anbieten konnte. Dabei würde ich die Unterstützung vieler Leiter und Freunde hinter mir lassen sowie die Sicherheit eines Systems, das mich zur Verantwortung gezogen und sehr gut funktioniert hatte.

Doch ich musste hinuntergehen, ehe ich den Aufstieg in Angriff nehmen konnte.

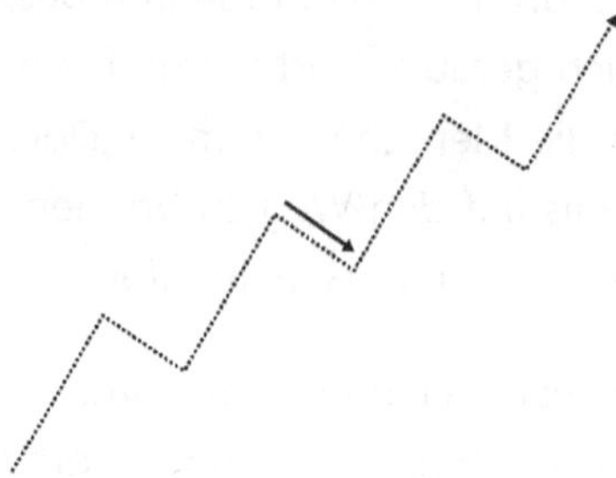

Auf ähnliche Weise wurde ich fünf Jahre später gebeten, in die USA zu ziehen. Eine Megachurch in Texas bot mir ein gutes Gehalt an sowie die Gelegenheit, einen globalen Hauptsitz zu gründen, von dem ich Kontakt zu Gemeinden in den gesamten USA herstellen und weltweiten Einfluss haben könnte. Ich konnte einen Gipfel erkennen, auf dem Pais nicht nur *ein* Land, sondern *viele* Länder mit Ressourcen versorgen würde.

Doch ich konnte auch ein riesiges Tal davor sehen.

Ich müsste wieder ganz von vorn anfangen! Ich beschloss, niemanden aus meinem großartigen Team mitzunehmen, weil sie unentbehrlich für das waren, was wir in Manchester aufgebaut hatten. Ich gab außerdem all meine Auftrittsmöglichkeiten als Prediger in Großbritannien auf. In den USA war ich nicht wirklich bekannt; ich war ein unbeschriebenes Blatt. Darüber hinaus gab ich meine Rolle als ‚Hauptpastor' auf, um stattdessen die Rolle eines ‚Hilfspastors' zu übernehmen. Obwohl es die ursprüngliche Idee war, dass ich Pais-Freiwillige betreuen würde, wurde ich in Wirklichkeit Jugendpastor.

Ich war nicht mehr der große Fisch im kleinen Teich, sondern ein kleiner Fisch in einem gewaltigen Ozean.

Um herauszufinden, was du willst, musst du zuerst wissen, was du dafür aufgeben musst; das ist schon die halbe Miete.[64]

Ein Schlüsselelement in der Anpassung deines Glaubens ist Folgendes: Du musst aus eigener Initiative die Entscheidung treffen, von einem Gipfel herabzusteigen, weil du das Potenzial eines höheren Gipfels in der Ferne erkennen kannst.

Du wirst daher wieder und wieder dazu gezwungen sein, deinen persönlichen Vorteil aufzugeben, um eine größere Wirkung zu erzielen. Diese Wiederholung des Musters gibt dir zahlreiche Möglichkeiten und zahlreiche Gelegenheiten, einen neuen Pfad in dein Herz und dein Denken einzuprägen. Das ist Typos und es hilft dir, deine geistigen Muskeln und deine übernatürliche Widerstandsfähigkeit auszubauen.

Wenn du jemals im Fitnessstudio gewesen bist, weißt du, dass das Gewichtheben nur ein Teil des Muskelaufbaus ist. Das Herabsenken der Gewichte baut genauso Muskeln auf.

Ich denke, dass dies wahrscheinlich die Übung in Gottes Fitnessstudio ist, die unseren Glauben am meisten stärkt.

Einnisten

Anwendung #3: *Polstere dein Nest nicht mit Federn aus!*

Es ist übertrieben. Es ist exklusiv. Es ist ärgerlich.

Wenn wir einen Gipfel erreichen, können wir in Versuchung geraten, uns ein Nest zu bauen. Oftmals wollen wir unsere Freunde um uns haben und uns selbst gemütlich einrichten und einnisten. Denn wenn unsere Freunde und Familie hier Halt machen, dann ist das doch auch okay für uns ... oder?

Genau das dachte auch Petrus, als Mose und Elia bei Jesu Verklärung auftauchten.

Petrus aber begann und sprach zu Jesus: Herr, es ist gut, dass wir hier sind. Wenn du willst, werde ich hier drei Hütten machen, dir eine und Mose eine und Elia eine.[65]

Petrus wollte dableiben, weil er Teil der Gang sein wollte. Wer würde das nicht? Stell dir vor, was er für Dinge lernen und welches Ansehen er gewinnen würde! Was für Vorteile das hätte! Viele verfallen in diese Gewohnheit und erzeugen eine Exklusivität, die es Außenstehenden sehr schwer macht. Unser Verlangen, genau dort zu bleiben, wo wir sind, kann anderen den Ort verbauen, der eigentlich für sie gedacht war.

Wir sehen das immer wieder in Gemeinden. Die Bibel zeichnet uns folgendes Beispiel von Leiterschaft: Wir bereiten den Weg, bauen, etablieren und übertragen die Verantwortung dann auf Jüngere, während wir wiederum weitergehen und den Weg für andere bereiten. Als ich von England nach Texas umgezogen bin, habe ich genau das getan. Das heutige Christentum macht das manchmal umgekehrt: Wir bereiten den Weg, etablieren uns selbst und senden Jüngere aus, um für uns den Weg zu bereiten.

Polsterst du dein Nest mit Federn aus, obwohl du eigentlich vorwärtsgehen solltest?

Als Eltern, Mentoren und Unternehmenschefs neigen wir oft dazu. Wir sind der Meinung, dass Glaube dafür da sei, es uns in jedem Bereich unseres Lebens gemütlich machen zu können. Doch um Gottes Traum voranzubringen, müssen wir stattdessen manchmal von einem Berg herunterkommen, sodass jemand anderes hinaufsteigen kann. Das soll jetzt keine Aufforderung sein, die Stelle zu verlassen, die du innehast. Frage dich stattdessen, ob du dort, wo du bist, neue Höhen erreichen und dabei anderen Raum geben kannst, sich zu entfalten.

Wenn wir ein Nest bauen, stoßen wir andere dabei zwangsläufig von unserer Vogelstange. Unsere Versuchung, uns an unserem Gipfel festzuklammern, erzeugt eine Unsicherheit, die nicht nur uns, sondern auch andere limitiert. Wie vielen unserer Kinder, unserer Angestellten und unserer Jünger haben wir den Glauben erstickt, nur weil wir uns geweigert haben, weiterzuziehen?

Wenn wir es uns zu gemütlich machen, verfaulen wir.

Misserfolg

Anwendung #4: *Erkenne, dass Misserfolg ebenfalls gipfelförmig ist!*

Sieh der Wirklichkeit ins Auge. Verstehe sie. Verändere sie.

Das Problem mit Misserfolgen ist, dass sie gelegentlich auch Erfolg enthalten.

Zur Erklärung will ich einen Vergleich wählen, den viele verstehen werden. Schauen wir uns also an, wie das in einem Gemeindekontext aussehen könnte. In dieser fiktiven Gemeinde spricht Gott zur Gemeindeleitung darüber, warum ihre Mitgliederzahl sinkt und, wichtiger noch, warum sich auch ihr Einfluss in ihrem Umfeld verringert hat. Die Gemeindeleitung muss sich selbst einige schwierige Fragen stellen und es kommen Zweifel auf – was in diesem Fall etwas Gutes ist! Die gegenwärtige Methodik wird in Frage gestellt, denn sie scheint die Vision, die Gott ihnen gegeben hat, nicht voranzubringen. Doch gerade als die Zweifel anfangen, ihre Wirkung zu entfalten, und erste Veränderungen umgesetzt werden, passiert das Schlimmste, das passieren könnte:

Mehrere neue Familien treten der Gemeinde bei. Die Gemeinde empfängt eine große Geldspende. Die Musiker übertreffen sich selbst und die Anbetung erreicht für einige Monate ein ganz neues Level.

Bitte verzeih die Übertreibung, dass Menschen, die neu in die Gemeinde kommen, ‚das Schlimmste' seien, das passieren könnte.

Doch leider glaube ich tief in meinem Herzen, dass unsere *Antwort* auf solche Ereignisse Gottes Plänen schadet.

Denn auch Misserfolg ist ein langsamer Prozess auf einer Zickzacklinie.

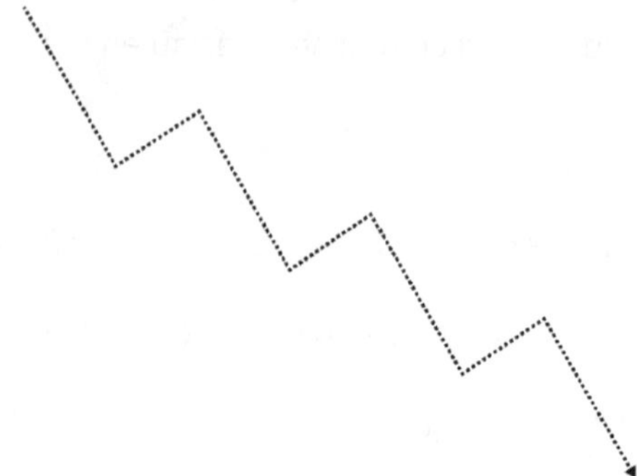

Die Höhen sind nicht mehr ganz so hoch, wie sie einmal waren, während die Tiefen immer tiefer werden. Und trotzdem sorgen diese gelegentlichen Erfolge dafür, dass wir erleichtert aufatmen, und die erneute Herausforderung des Heiligen Geistes wieder auf Eis gelegt wird. Für einige, die dieses Buch lesen, ist die Anerkennung von Misserfolgen womöglich der erste notwendige Schritt, der letztlich zum Erfolg führen wird.

Und dennoch: Sei ermutigt — wenn du einen Schatten siehst, muss ein Berg in der Nähe sein!

Tourismus

Anwendung #5: *Geh weiter voran!*

Sieh nicht nur nach oben. Vergiss nicht, zurückzublicken. Lass dich nicht vom Anschein täuschen.

Wenn wir vorangehen, werden wir ganz natürlich auch nach oben gehen.

Auf deiner Pilgerreise geht es nicht darum, dass wir einen bestimmten Berg erreichen. Es geht darum, in der gleichen Art von Glauben und in derselben Bestimmung zu wachsen, die Jesus hatte. Wir klettern nicht für einen Ehrentitel, eine Trophäe oder ein wertloses Schmuckstück; es ist ein Zeichen des Glaubens — der Art von Glauben, der Berge bewegt. Während wir unser Potenzial entfalten und weiter vorangehen, belohnt uns jeder Gipfel mit einer größeren Perspektive auf Gottes Vision.

Wir werden nicht sesshaft. Wir sind Touristen ... genau wie Petrus. Er ging immer weiter voran und blieb nie bei einer Phase des Glaubens stehen. Er blickte stets auf den nächsten Gipfel und steigerte fortwährend sein Potenzial, die Welt zu verändern, sogar dann, wenn die Lage hoffnungslos schien.

Der Überlieferung zufolge starb er durch die Hand von Nero: Er wurde verfolgt und kopfüber gekreuzigt. Von seinen letzten Tagen wird gesagt, dass Petrus in ein grausames Gefängnis der Römer geworfen wurde, das Carcer Tullianus genannt wurde. Neun Monate verbrachte er in absoluter Finsternis, an eine Säule gefesselt und unter grausamer Folter leidend. Doch der Überlieferung zufolge bekehrte Petrus trotz all seiner Leiden seine Gefängniswärter Processus und Martinianus sowie siebenundvierzig Weitere.[66]

Das Blut der Märtyrer ist der Same der Kirche. — Tertullian

Das neue Tief am Ende seines Lebens war viel höher als damals, als Petrus an Jesu Seite nach Jerusalem gekommen war, voller Selbstvertrauen aufgrund eines Plans, mit dem er völlig daneben lag. Sein Leben bestand aus einer Reihe von Höhen, die höher wurden, und Tiefen, die viel größere Auswirkungen auf die Ausbreitung von Gottes Reich hatten als viele seiner vorherigen Erfolge. Er ging voran, ohne genau zu wissen, wo er einmal enden würde, ohne je auf irgendeinem Berg sesshaft zu werden oder in einem Tal aufzugeben.

Wir alle können uns sein Leben zum Beispiel nehmen: Wenn wir einen echten Berg besteigen, fühlt es sich so an, als kämen wir überhaupt nicht voran. Während wir hinaufblicken, scheint die Aussicht immer dieselbe zu bleiben. Tatsächlich kann es uns allen Mut rauben — bis wir zurückblicken und uns klar wird, dass sich der Blick auf die Landschaft viel schneller und stärker verändert hat, als wir es erwartet hätten.

Genauso ist es auch bei einem geistlichen Berg. Wenn wir einen Gipfel besteigen, fühlt es sich vielleicht nicht so an, als kämen wir groß voran; doch wenn wir zurückblicken, ist es kaum zu fassen, wie weit wir gekommen sind.

Gesprächsaufhänger

Anwendung #1: *Wenn du die kleinen Gipfel nicht angehst, wirst du niemals zu den größeren gelangen!*

Anwendung #2: *Du musst erst von einem Berg herabsteigen, um den nächsten zu erklimmen!*

Anwendung #3: *Polstere dein Nest nicht mit Federn aus!*

Anwendung #4: *Erkenne, dass Misserfolg ebenfalls gipfelförmig ist!*

Anwendung #5: *Geh weiter voran!*

1. Welche dieser Anwendungen trifft an diesem Punkt deiner Reise am ehesten auf dich zu?

2. Was ist der nächste praktische Schritt, den du gehen kannst?

3. Welche Fragen hast du noch?

4. Welchen Ratschlag habe ich nicht erwähnt, den du jemandem geben würdest, der in diesem Muster unterwegs ist?

5. Teile deinen Ratschlag und deine Fragen mit uns über Social Media: #MusterInGottesReich

MUSTER IN GOTTES REICH

KREISE

KREISE | Das Muster

Friede

Berufung ist kreisförmig.

Als Jesus dreißig Jahre alt war, wurde Sein Auftrag bestätigt:

> *Und es begab sich, als alles Volk sich taufen ließ und Jesus auch getauft worden war und betete, da tat sich der Himmel auf, und der Heilige Geist fuhr hernieder auf ihn in leiblicher Gestalt wie eine Taube, und eine Stimme kam aus dem Himmel: Du bist mein lieber Sohn, an dir habe ich Wohlgefallen.*[67]

Der Heilige Geist kam *in Gestalt* einer Taube herab, aber Er ist *keine* Taube.

Er ist auch keine Gans und auch kein Papagei.

Wenn wir den Heiligen Geist als Taube bezeichnen oder Ihm derartige Eigenschaften zuweisen, bringt das ein Problem mit sich: Wir kommen vielleicht auf den Gedanken, Er sei in mancher Hinsicht ängstlich und ließe sich leicht fortscheuchen. Das ist besonders schädlich für ein Muster in Gottes Reich, in dessen Rahmen Er andere Menschen gebraucht, um unsere Berufung ‚auszubauen'. Donald Gee, der als Pastor und Lehrer arbeitete, hat einmal gesagt:

Es gibt Zeiten, in denen Uneinigkeit ein Zeichen des Lebens und Einigkeit ein Zeichen des Todes ist.

Viele Christen tun sich schwer mit diesem Zitat. Der Grund dafür ist die übertriebene Wertschätzung, Erhöhung und Verherrlichung des ‚Friedens‘, die inzwischen einen zerstörerischen Einfluss darauf nimmt, auf welchem Weg Menschen nach Gottes Führung suchen.

Es hat Fragen wie „Hast du Frieden darüber?" hervorgerufen oder auch Kommentare wie „Gott wird dich keinen Weg entlang führen, auf dem es Verwirrung und Konflikte gibt."

Stimmt, Gott ist kein Gott der Verwirrung; das heißt aber nicht, dass du nicht gelegentlich verwirrt sein wirst von dem, was Er tut. Wenn Christen immerzu inneren Frieden verspüren würden, bin ich mir sicher, dass Nichtgläubige unseren Glauben genauso anzweifeln würden, wie der Satan Hiobs Treue in Frage stellte. Der Teufel (das bedeutet ‚Ankläger‘) wandte sich an Gott und behauptete, dass Hiob Ihn nur deshalb anbete, weil er ein gesegnetes Leben hatte.

Der Satan aber antwortete dem HERRN und sprach: Ist Hiob ohne Grund gottesfürchtig?[68]

In anderen Worten: Er deutete an, dass Hiob Gott nur diente, weil Gott Hiob diente!

Obwohl unser Glaube auf unseren Gipfeln auf die Probe gestellt werden mag, nehmen andere ihn in unseren Tälern sehr genau unter die Lupe. Dort, wo es in unserem Leben hart auf hart kommt, können andere Menschen unsere Hoffnung auf Gott am besten erkennen.

Manche mögen sagen, sie glauben nicht an den Himmel. Geht und erzählt es dem Mann, der in der Hölle lebt.[69]

Deshalb dürfen wir die Wirklichkeit nicht meiden, durch die Gott uns wachsen lassen möchte, und wir sollten auch nicht unsere Ausreden

vergeistigen, warum wir vor ihr davonlaufen. Das gilt vor allem für den Bereich, der uns hilft, unsere Berufung in vollem Maß zu verstehen:

Beziehungen.

Vor einigen Jahren versuchte ich, zwei Kollegen zu helfen; einer war vom Führungsstil des anderen enttäuscht. Wir gingen in ein winziges Büro, in das wir drei so gerade hineinpassten. Da holte der Leiter eine Gitarre hervor: Er wollte unbedingt mit einer Anbetungszeit beginnen, weil er, meiner Meinung nach, unbedingt das Gespräch hinauszögern wollte. Ich unterbrach das improvisierte Singen, denn ich konnte sehen, dass sein Teammitglied einfach zu frustriert war und erst einmal reden musste. Natürlich warf der Leiter mir deshalb vor, ich würde den Heiligen Geist unterdrücken.

Wir müssen begreifen, dass es einen deutlichen Unterschied macht, ob wir mit einer Entscheidung bei Gott Ruhe finden oder ob wir keinen inneren Kampf mit unseren Gefühlen mehr spüren. Unser Leben wird häufig ‚friedlicher', wenn wir nicht Gottes Vorgehensweise folgen und uns von schwierigen Menschen freimachen. Tatsächlich ist es oft so, dass wir sofort ‚*Frieden*' spüren, wenn wir den Selbstflucht-Schalter drücken ... doch nach einer kurzweiligen Pause müssen wir dann wahrscheinlich die Konsequenzen tragen. Ich habe miterlebt, wie viele Menschen aus einer Verpflichtung ausgestiegen sind und sich dadurch selbst in eine geistige Wüste geworfen haben, in der sie umherirren und sich fragen, warum sie außerstande sind, Gottes Weg zu finden. Sie haben die unmittelbare Erleichterung fehlinterpretiert, die alle Menschen erfahren, wenn sie eine Verantwortung abgeben, und sie stattdessen mit dem übernatürlichen Frieden verwechselt, der von Gott kommt.

Und das ist ein Problem.

Warum?

Weil Irreführung dann entsteht, wenn wir mehr nach Frieden streben, als nach Gottes Ziel zu trachten.

Und Fehltritte geschehen häufig, wenn wir uns ohne andere Menschen auf die Suche nach Gottes Ziel machen.

Dieses Muster in Gottes Reich hilft dir zu erkennen, welch wesentliche Rolle Beziehungen darin spielen, dass du deine Berufung erkennst und erfüllst und herausfindest, wo in diesem Prozess du dich befindest.

Bat-Kol

Es ist interessant, dass die Bestätigung von Jesu Auftrag in Form von ‚Bat-Kol' kam.

> *... und eine Stimme kam aus dem Himmel: Du bist mein lieber Sohn ...* [70]

Bat-Kol ist der hebräische Begriff für die unmittelbare Stimme Gottes ohne sichtbares Medium wie zum Beispiel einen Prophet oder einen Priester. Wörtlich übersetzt bedeutet es ‚*Tochter einer Stimme*'. Interessanterweise besagt die jüdische Tradition, dass Gott vor allem *nach* dem Tod der Propheten auf diese Weise kommuniziert hat.

> *Nach dem Tod Haggais, Sacharjas und Maleachis, der letzten Propheten, verließ der Heilige Geist Israel; gleichwohl erhielten sie Nachrichten von Gott durch das Medium Bat-Kol.* [71]

In ähnlicher Weise sprechen auch christliche Gelehrte von einer unmittelbaren Stimme aus dem Himmel und bezeichnen deren Worte als ‚*Echo-Stimme*'. Bezeichnend ist, dass sowohl der Begriff ‚Tochter einer' und ‚Echo' zur selben Schlussfolgerung führen: *Bat-Kol* ist in Gottes Augen *geringer* als Prophetie!

In anderen Worten — und jetzt kommt der Hammer — *Bat-Kol* ist Gottes letzte Option!

Wenn Gott keine Propheten zur Verfügung stehen oder wenn wir geistlich so gefühllos geworden sind, dass wir nicht auf sie hören, spricht Er zu uns durch *Bat-Kol*. Tatsächlich spricht Er selten mit einer hörbaren Stimme zu jemandem, der geistlich reif oder auf dem richtigen Weg ist.[72]

Was merkwürdig ist, da wir das doch ganz anders sehen.

Ich bin mir sicher, dass viele von uns es vorziehen würden, wenn Gott uns Seine Anweisungen direkt vom Himmel gäbe, hörbar und glasklar. Genau genommen bin ich mir fast sicher, dass wir all jene vergöttern würden, die ihre Vision oder Anweisung auf diese Weise bekommen.

Warum zieht Gott also etwas anderes vor?

Den Schlüssel dazu finden wir womöglich in der Jüdischen Enzyklopädie; dort steht:

> *Der Heilige Geist ruhte auf den Propheten und der Austausch war intim und persönlich; diejenigen hingegen, die das Bat-Kol hörten, hatten keine Beziehung mit dem Heiligen Geist.*

Bat-Kol benötigt keine Beziehung.

Es benötigt keine Beziehung mit Gott und keine Beziehung mit Seinem Leib, der Gemeinde.

Keine Beziehung zu haben, ist einfacher. Keine Beziehung zu haben, ist leichter. Wenn wir keine Beziehung haben, gibt es eine Grenze, die nicht übertreten werden, oder eine Barriere, die nicht durchbrochen werden kann. Aber keine Beziehung zu haben ist weniger wirksam für Gottes Ziel, uns an Seine Berufung zu binden, indem Er uns an Ihn bindet.

> *Nun freue ich mich in den Leiden, die ich für euch leide, und erfülle durch mein Fleisch, was an den Leiden Christi noch fehlt, für seinen Leib, das ist die Gemeinde.*[73]

Bei Jesu Taufe sprach Gott auf dramatische Weise, doch es gab keine wirkliche Veränderung. Niemand wurde verwandelt.

Nicht einmal Jesus.

Einfluss

Wenn Gott meine Berufung ausbauen will, tut Er das lieber durch die Wirkungskreise anderer Menschen. Das kann entweder indirekt durch die Bibel oder direkt durch Beziehungen geschehen. Der Heilige Geist gebraucht Sein Wort und Seine Menschen, um mich zu lehren, herauszufordern, zurechtzuweisen, zu informieren und zu inspirieren.

Dabei ist Er weniger das Mittel und vielmehr der Katalysator.

Das war von Anfang an Sein Plan, noch bevor ich im Schoß meiner Mutter war. Vor dem Sündenfall, als Adams Charakter perfekt und seine Beziehung mit dem Vater so rein war wie frischer Schnee, stellte Gott bemerkenswerterweise etwas Schockierendes fest:

> *Es ist nicht gut, dass der Mensch allein sei …* [74]

Wie bitte?

Allein!? Er war doch mit Gott und alles war perfekt, also war doch sicherlich alles gut! Ja, das war es. Doch das Gute ist ja oft des *Großartigen* Feind. Gottes Pläne für dich sind nicht nur gut — sie sind sehr gut!

Wenn wir also nach *unabhängiger* statt nach *gegenseitig abhängiger* Führung streben, entscheiden wir uns damit, das Muster in Gottes Reich zu ignorieren, das Er ausgewählt hat, um uns effektiver zu machen. Stattdessen gleiten wir ab ins Verlorensein.

Diese spezielle Pilgerreise können wir wahrscheinlich am besten durch den Brief an die Epheser nachvollziehen:

> *Und er selbst gab den Heiligen die einen als Apostel, andere als Propheten, andere als Evangelisten, andere als Hirten und Lehrer, damit die Heiligen zugerüstet werden zum Werk des Dienstes. Dadurch soll der Leib Christi erbaut werden, bis wir alle hinge-langen zur Einheit des Glaubens und der Erkenntnis des Sohnes Gottes, zum vollendeten Menschen, zum vollen Maß der Fülle Christi, damit wir nicht mehr unmündig seien ...* [75]

Durch Seine Menschen bereitet Gott dich auf Seinen Dienst vor. Anhand dieser fünf Gaben können wir beispielhaft sehen, warum dieses Muster in Gottes Reich in unserem Leben am Werk ist. Es ist nicht auf diese Gaben beschränkt, doch sie helfen uns, es genauer zu verstehen.[76]

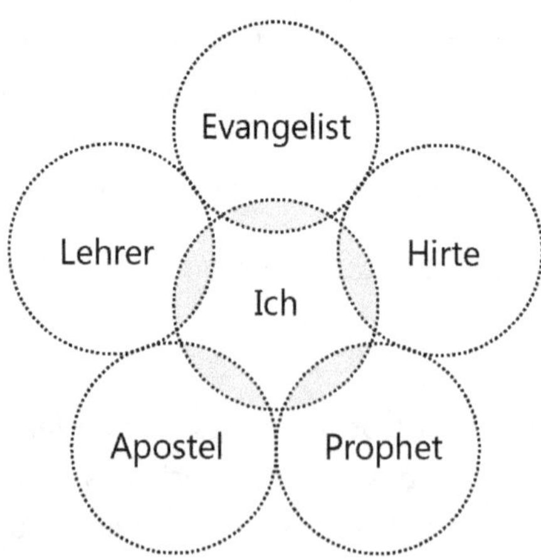

Das Kreismuster in Gottes Reich ist darauf ausgelegt, deine Vision zu entwickeln, indem es Talente, Gaben und weitere Bestandteile deiner Berufung freilegt, die andernfalls verborgen blieben. Auf diese Art und Weise sendet Gott wiederholt Menschen in dein Leben, die dich prägen. Im Wesentlichen bringt dieses Muster in deinem Leben inaktive und verborgene Bestandteile von Gottes Berufung für dich ans Licht. *Ob*, *wie* und *wie sehr* sie dich prägen, hängt jedoch von deiner Fähigkeit ab, die Dynamik dieses Musters zu begreifen.

Einer der ersten Menschen, die meine Berufung beeinflusst haben, war ein Evangelist. Paul Morley nahm mich mit sich auf die Straßen des Einkaufsviertels im Stadtzentrum von Manchester. Dort zeigte er mir, wie ich Menschenmassen anziehen kann, anstatt sie abzustoßen — wie ich mit einer Gruppe von Fremden in Verbindung treten kann, anstatt auf eine Gruppe von Einkaufenden befremdlich zu wirken. Er zeigte mir, wie ich öffentlich meine Geschichte mit anderen teilen konnte. Er gab mir Gelegenheiten, die eine ungeahnte Kreativität in mir hervorbrachten, Menschen meinen Glauben zu vermitteln, die damit nicht vertraut waren.

Harry Letson war ein Pastor — mein Pastor. Er zeigte mir die Dynamik seelsorgerlicher Unterstützung. Er zeigte mir auch, wie ich jenen helfen kann, die vor schwierigen Problemen stehen, wie ich mit Konflikten umgehen und wie ich Heilung schenken kann. Er half mir dabei, ein Feingefühl im Umgang mit Menschen freizulegen sowie auch meine verborgene Fähigkeit, ihnen dabei zu helfen, Gott in ihren Umständen zu finden.

Sowohl Paul als auch Harry haben meine Berufung geprägt. Sie haben mir auch dabei geholfen, mir über etwas anderes klar zu werden:

Ich bin *weder* ein Evangelist noch ein Pastor!

Der Schlüssel zu einer erfolgreichen Reise durch dieses Muster in Gottes Reich ist, zu erkennen, was du von den Wirkungskreisen anderer Menschen in dir aufnehmen solltest und was nicht. Anders ausgedrückt: Wenn Gott dich dem Einfluss anderer Menschen aussetzt und sich eure Leben überlappen, dann gibt es etwas in ihnen, von dem Er möchte, dass es ein *Teil* von dir wird.

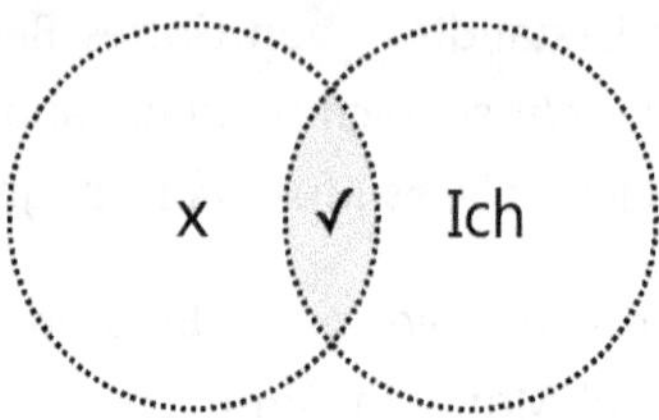

Er will allerdings nicht, dass du eine *Kopie* von ihnen wirst!

Dieses Muster in Gottes Reich funktioniert wie ein Verkaufsautomat: Es gibt mir das, für das ich bereit bin zu bezahlen.

Denn Beziehungen kommen uns teuer zu stehen.

Jene, die wir am meisten lieben, verletzen uns auch am meisten und jene, von denen wir am meisten lernen, fordern uns wahrscheinlich am meisten heraus.

Doch dieser Austausch von Wirkungskreisen bedeutet auch, dass wir etwas von uns selbst verlieren müssen, wenn wir etwas für uns selbst gewinnen wollen.

Wenn wir nicht gewillt sind, diesen Preis zu zahlen und Gottes Berufung für uns durch das Leben anderer Menschen zu entdecken, dann wird das folgende Versprechen nicht erfüllt:

> *bis wir alle hingelangen ... zum vollen Maß der Fülle Christi ...* [77]

Ich möchte dich an den Grund erinnern, warum wir diese Muster durchlaufen ...

... damit wir nicht mehr unmündig seien und uns von jedem Wind einer Lehre bewegen und umhertreiben lassen durch das trügerische Würfeln der Menschen, mit dem sie uns arglistig verführen.[78]

Ich kann gar nicht aufzählen, wie viele großartige Männer und Frauen Teil meiner Pilgerreise geworden sind. Doch eines kann ich sagen: Wenn ich ihren Einfluss auf mich nicht richtig hätte wirken lassen, dann wäre meine Vision heute nicht auf dem Weg, zu einem großen Ganzen zu werden.

Sie wäre eingedellt und unvollständig.

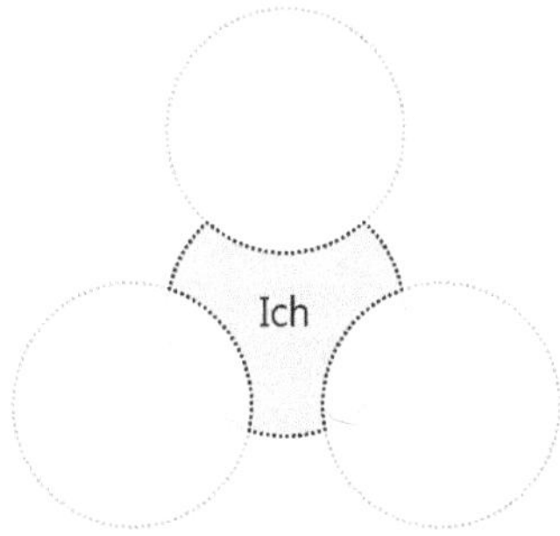

Gottes Führung zu finden ist so viel einfacher, wenn du erkennst, wen Er in dein Leben hinein bringt und warum. Denn um Gottes Berufung für dein Leben zu verstehen, ist ein hoher Reifegrad erforderlich.

Unreife verkündigt: „Ich bin nicht so leicht zu beeinflussen", und diese stolze Naivität macht uns anfällig für das Vorgehen des Teufels und anderer Menschen.

Reife jedoch erkennt, dass wir alle leicht beeinflusst werden und dass Weisheit darin besteht, die richtigen Einflüsse im richtigen Maß in unser Leben hinein zu lassen. Sie besteht nicht darin, sich voll und

ganz abzusondern oder zu integrieren; stattdessen finden wir sie, indem wir die Wirkungskreise sorgfältig abwägen.

Daher erfordert dieses Muster in Gottes Reich das, was ich für den Schlüssel zu zwischenmenschlicher Reife halte:

> Dass wir uns selbst anderen Menschen aussetzen, um sie zu beeinflussen *und* von ihnen beeinflusst zu werden.

Wen kennen wir also, der gut darin war?

Gesprächsaufhänger

1. Schreibe drei Einflüsse auf dein Leben in die dafür vorgesehenen Kreise.

2. Welche Bestandteile deiner Berufung baut Gott durch diese Einflüsse in dir aus?

3. Gibt es noch weitere Einflüsse, die du in deinen Kreis lassen solltest? Falls ja, schreibe sie unten auf.

4. Erkennst du noch ein weiteres Prinzip in diesem Muster, das nicht in diesem Buch erwähnt wird?

5. Teile deine Gedanken mit uns über Social Media: #MusterInGottesReich

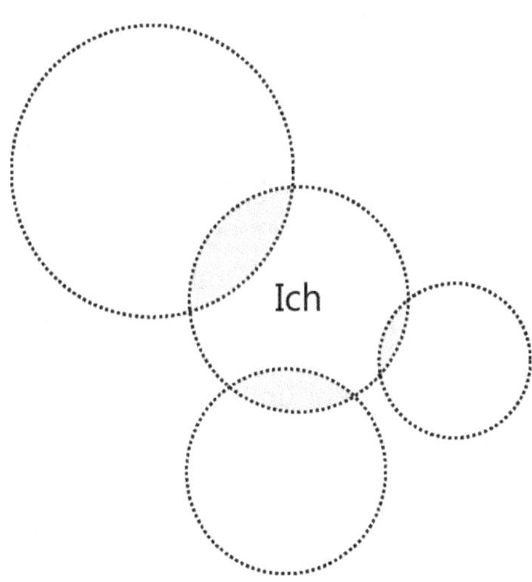

KREISE | Der Pilger

Superheld

Jesus war voll und ganz Mensch, nicht übermenschlich.

Und Jesus war, als er auftrat, etwa dreißig Jahre alt und wurde gehalten für einen Sohn Josefs ... [79]

Im Gegensatz zu einem heutigen Comicbuch-Superhelden erhielt Jesus Seine Kraft nicht, indem er von einem radioaktiven Insekt aus irgendeinem misslungenen Laborversuch gestochen wurde. Sie wurde Ihm aufgrund Seiner Beziehung mit Seinem Vater gegeben. Wie Er Seine Berufung *erfüllte*, wurde hingegen von jenen geprägt, deren Wirkungskreise Er mit den Seinen überlappen ließ.

Jesus war ein Mensch in Raum und Zeit: Er hatte eine Geschichte, eine Kultur und einen Kreis von Beziehungen. Sie alle bestimmten maßgeblich, wer Er war, und spielten eine entscheidende Rolle in Seiner Berufung. Bezeichnenderweise folgt dem *Bat-Kol* bei Jesu Taufe in der Bibel Sein abwechslungsreicher Stammbaum. Darunter ist auch Sein Cousin Johannes. Und Johannes war es auch, der für den Durchbruch von Gottes Reich verantwortlich war, nicht Jesus.

Seit Johannes der Täufer predigt und tauft, ist das Himmelreich mit Macht näher gerückt, und es gibt genügend Menschen, die versuchen, gewaltsam hineinzudrängen. [80]

Erst *nach* Gefangennahme von Johannes begann Jesu Dienst in vollem Maße.

> *Da nun Jesus hörte, dass Johannes gefangen gesetzt worden war, zog er sich nach Galiläa zurück ... Seit der Zeit fing Jesus an zu predigen und zu sagen: Tut Buße, denn das Himmelreich ist nahe herbeigekommen!*[81]

Einige Gelehrte glauben, dass der Grund dafür war, dass Jesus ein Jünger von Johannes war. So umstritten diese Idee auch sein mag,[82] so war es doch erst, nachdem Johannes seinen Dienst beendet hatte, dass Jesus den Staffelstab Seines Cousins ergriff und damit weiterlief. Den Grund dafür finden wir zumindest zum Teil in dem, was ich einst für die schockierendste Aussage der Bibel hielt:

> *Dennoch musste auch Jesus, der Sohn Gottes, durch sein Leiden Gehorsam* lernen.[83]

Das bedeutet nicht, dass Er einstmals ungehorsam war; Teil der Bedeutung ist allerdings, dass Jesus sich die Erfahrung und das Fachwissen anderer aneignen musste, um Seine Berufung *zur Gänze* zu erfüllen.

Hat dich das überrascht? Mich schon. Doch du wirst sehen, dass die Beweislage dafür überwältigend ist.

Pharisäer

Ich möchte über vier Personengruppen sprechen, die Einfluss auf die einflussreichste Person in der Geschichte hatten.

Die größte Überraschung darunter ist vermutlich die erste Gruppe: die Pharisäer.

Diese einflussreiche Religionsgemeinschaft prägte Seine *Trainingsmethoden*.

Viele Christus-Gelehrte sind der Auffassung, dass Jesus nicht *außerhalb* der pharisäischen Gemeinschaft stand. Er war aber auch kein Pharisäer. Stattdessen bewegte er sich *innerhalb* ihrer größeren Bewegung und war daher über ihre Taten beschämt. Ein Hinweis dafür ist zum Beispiel, dass Pharisäer nur selten mit Außenstehenden verkehrten. Und doch war Jesus recht häufig bei ihnen zum Abendessen.

Als Jesus Seinen Jüngern Anweisungen gab, gebrauchte Er die Pharisäer sowohl als negatives wie auch als positives Beispiel. Das liegt zum Teil daran, dass sie für gewöhnlich derselben Meinung waren. Im Gegensatz zu den Sadduzäern strebten auch die Pharisäer nach einem neuen Königreich. Tatsächlich hatte Jesus so viel mit den Pharisäern gemein,[84] dass einige von ihnen Ihm zur Hilfe eilten und Ihn vor den gegen Ihn gerichteten Plänen des Herodes warnten.[85]

Sieh dir genau an, was Jesus Seinen engsten Nachfolgern befiehlt:

> *Auf dem Stuhl des Mose sitzen die Schriftgelehrten und die Pharisäer. Alles nun, was sie euch sagen, das tut und haltet; aber nach ihren Werken sollt ihr nicht handeln; denn sie sagen's zwar, tun's aber nicht.*[86]

Jesu Gebot an Seine Jünger zeigt, dass Er das Schlüsselprinzip dieses Musters in Gottes Reich verstand: Nimm auf, was du aufnehmen solltest, und lass den Rest hinter dir. Leider entscheiden wir uns oft dafür, den Einfluss jener abzulehnen, die Gott uns in unser Leben gestellt hat, indem wir ihre Fehler als Ausrede nutzen.

Jesus tat das nicht.

Weise

Eine zweite Gruppe, unter deren Wirkungskreis Jesus stand, waren die Weisen.

Diese herausragenden Persönlichkeiten prägten Seinen *Lehrstil*.

Hillel war um die dreißig Jahre älter als Jesus, welcher regelmäßig verschiedene Elemente seiner sieben Regeln der Exegese anwandte.[87] Das wohl bekannteste davon war das *Qal Wachomer*, das ‚vom Leichteren auf das Schwerere' deutete. Mit dieser Methode ermutigte Hillel seine Nachfolger, bestimmte metaphorische Vergleiche anzustellen.

Sieh dir an, wie Jesus in Seiner Lehre die Methode der Weisen einsetzt:

> *Oder der ihm, wenn er ihn bittet um einen Fisch, eine Schlange biete? Wenn nun ihr, die ihr doch böse seid, dennoch euren Kindern gute Gaben zu geben wisst, wie viel mehr wird euer Vater im Himmel Gutes geben denen, die ihn bitten!*[88]

Diese Äußerung bekäme eine 1+ von Hillel.

Viele Gleichnisse Jesu, wie zum Beispiel jene mit einer ‚Königsfigur', waren Wendungen ähnlicher, bereits existierender Geschichten. Das Gleichnis vom Sämann ist Seine Version des ‚Gleichnisses der vier Zuhörer', ein Gleichnis, das in der jüdischen Lehre allgemein bekannt war. Von diesem Gleichnis gibt es verschiedene Versionen, darunter zum Beispiel Gamaliels Gleichnis der vier Fische oder das Gleichnis der vier Küchengeräte. Beide stellen vier verschiedene Reaktionen jener Menschen dar, die die Wahrheit gehört haben.[89] Das Gleichnis vom Sämann folgt also einer klaren Tradition der Erzählkunst, die Jesus von anderen *gelernt*, auf die er sich festgelegt und die er sehr gut angewandt hat.

Weder die Bergpredigt noch das Vater Unser waren die Originalfassung. So finden wir alle Bestandteile der Bergpredigt in vorherigen jüdischen Schriften[90] und das bekannteste aller Gebete ist in Wirklichkeit Jesu Zusammenfassung der jüdischen ‚Amida'.[91]

Jesu Qualität lag in Folgendem: Er enthüllte die Wahrheit, indem Er bereits bestehende Lehren zurechtschnitt. Dabei befreite er sie von menschlichen Traditionen und führte neue Aspekte ein, die das herausstellten, was Gottes Absicht am nächsten kam.

Bezüglich der Tatsache, dass Jesus die Methoden der Gelehrten anwandte, erklärt Pinchas Lapide Folgendes:

> Beethoven hat keine einzige Note neu erfunden, um die Neunte Symphonie zu schreiben ... [92]

Der Komponist nahm Noten, die es bereits gab, doch er setzte sie so zusammen, dass die Welt die Musik entdecken konnte, die wir nie zuvor in ihnen gehört hatten. Die Noten waren schon immer da gewesen und daher in gewissem Sinne auch die Melodie, doch es war Beethoven, der sie uns enthüllte.

Jesus tat genau dasselbe — nicht mit Musik, sondern mit Wahrheit.

Chassidim

Die dritte Gruppe waren die Chassidim, die Vorläufer der Pharisäer.

Diese Glaubensgemeinschaft prägte Jesu charismatischen *Stil* in Seinem Dienst.

Sie lebten an der Nordküste von Galiläa und waren als Mystiker für ihre fantastischen Gebetserhörungen bekannt. Sie sorgten dafür, dass nichts sie von ihren Bemühungen ablenken konnte. Für den Fall, dass ihre Jünger mit einem Auftrag unterwegs waren, gab es bei ihnen daher folgendes Gebot: *„Selbst wenn der König dich grüßt, darfst du ihn nicht zurückgrüßen."*[93]

Auf ähnliche Weise mahnt Jesus Seine Jünger:

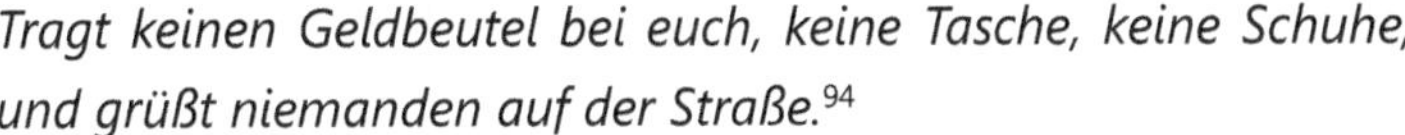

Tragt keinen Geldbeutel bei euch, keine Tasche, keine Schuhe, und grüßt niemanden auf der Straße.[94]

Vor dem Gebet praktizierten die Chassidim eine bestimmte Meditationsform, die auch Jesus übernahm, als Er für die Tochter von Jaïrus betete.[95] Dafür warf Er jeden aus dem Raum und nahm nur Petrus mit sich. Auch Petrus wird später dabei beobachtet, wie er diese Praxis fortführte, als er Tabita von den Toten auferweckte.[96] Jesu *Art und Weise* zu heilen, einschließlich der gezielten Verwendung von dramatischen Gesten, folgte dem Beispiel der Chassidim. Dem Experten Shmuel Safrai zufolge hatte Jesus mehr mit dieser Gruppe gemein als mit jeder anderen jenes Zeitalters.

Essener

Die vierte Gruppe, die Essener, beeinflussten nicht nur Jesus, sondern auch Seinen Vorläufer Johannes.

Sie prägten die *Politik* Jesu.

Mit Politik meine ich schlichtweg die Art und Weise, auf die wir uns selbst in einer Gemeinschaft organisieren. Es wird vermutet, dass Johannes der Täufer ehemals Essener war, allerdings gibt es keine handfesten Beweise dafür. Es besteht jedoch kein Zweifel, dass die Gebote von Johannes und Jesus die Gesellschaftsideen der Essener widerspiegeln.

Ich sage natürlich nicht, dass sie Jesus Seine Glaubensüberzeugungen beigebracht haben. Die Art und Weise, auf die sie Gemeinschaft verstanden, gab Jesus jedoch ein Beispiel dafür, wie eine gottgefällige Gemeinschaft auf Erden aussehen könnte. Ein wesentlicher Aspekt der Vision der Essener war es zum Beispiel, dass Menschen, die zum Glauben kamen, ihre Besitztümer miteinander teilten.

Und wenn dich einer vor Gericht bringen will, um dir das Hemd wegzunehmen, dann lass ihm auch den Mantel.[97]

Jesus legte Wert darauf, dass es nicht einfach nur eine Theologie, sondern eine Gemeinschaft war, die den Weg des Herrn bereiten würde. Wie genau sich das allerdings abspielen sollte, darin stimmte Jesus nicht mit den Essenern überein, die ein starkes Verlangen nach Exklusivität zeigten. Sie lehnten das Tempelsystem ab und als im Jahr 200 v. Chr. ein Hohepriester berufen wurde, der für sie nicht hinnehmbar war, verließen sie Jerusalem.

Jesus wandte einige ihrer Bräuche an, doch ihren Stolz lehnte Er ab.

Genauso wie die obigen drei Gruppen erkannten auch die Essener Jesus nicht als den Messias, da Er nicht in Ihr Bild des Gesalbten passte. Und doch erkannte Er, dass ihre Vorstellungen und Konzepte Seinen Dienst wirkungsvoll und Seine Erklärungen ganzheitlicher machen konnten.

Jesus mag eine seltsame Wahl für dieses bestimmte Muster in Gottes Reich sein. Doch mehr als jeder Apostel und jede andere Person in der Bibel ist Er das leuchtende Vorbild dafür.

Mut

Manchmal frage ich mich, warum ein Muster so unangenehm und schwer nachzuvollziehen sein kann, wo es doch so deutlich in der Bibel gezeichnet wird.

Die gegenwärtige politische Polarisierung in den Vereinigten Staaten hat zu etwas geführt, das als ‚Kulturkrieg' bezeichnet wird. Wir scheinen die Fähigkeit verloren zu haben, das Gute in jenen zu sehen, mit denen wir nicht einer Meinung sind, und das Schlechte in jenen, die ‚auf unserer Seite' stehen. Jüngste Versuche haben gezeigt, dass soziale Netzwerke zu dieser Entwicklung beigetragen haben.[98] Es wirkt so, also könnten wir, im Gegensatz zu Jesus, nicht das Gute vom Schlechten unterscheiden. Vielleicht glauben wir, dass unsere Übereinstimmung mit anderen in einem Aspekt automatisch auch für alle anderen Aspekte gilt. Oder vielleicht ist es noch schlimmer.

Vielleicht ist es einfach Feigheit.

Ich hatte einmal das Privileg, einige Tage mit einem Schriftsteller zu verbringen, dessen Ruf umstritten war. Ich wollte mit Brian über ein Buch sprechen, an dem ich gerade schrieb. Nachdem ich eines seiner ersten Werke gelesen hatte,[99] dachte ich nämlich, er könnte weitere Einblicke in meine historischen Bezüge mit mir teilen.

In unserem letzten Gespräch stellte ich Brian eine Frage, die eigentlich meine letzte sein sollte: „Welchen Ratschlag würdest du mir als Leiter von Pais geben?"

Er antwortete zunächst: „Sei darauf vorbereitet, dass du Zuhörer verlieren wirst, sobald sie deine Überzeugungen zu strittigen Themen erkennen." An dieser Stelle wurde mir schlagartig bewusst, dass mein Freund angenommen hatte, ich hätte einige seiner umstritteneren Bücher gelesen ... das hatte ich jedoch nicht. Also sagte ich Brian, dass er meine Theologie vermutlich als ziemlich orthodox betrachten würde, er meinen Standpunkt zu diesen strittigen Themen jedoch gerne in unserem letzten Gespräch anfechten könnte.

Was er als Nächstes sagte, hat mich umgehauen.

„Nein."

Dann erklärte er weiter:

> „Paul, du tust großartige Arbeit für Gottes Reich. Wenn Gott dich nicht dazu bewegt, diese Fragen zu stellen, dann möchte ich dich nicht von der klaren Berufung ablenken, die Er dir gegeben hat."

Ich kann gar nicht in Worte fassen, wie sehr ich davon beeindruckt war!

Der Schlüssel zu diesem Muster in Gottes Reich ist, zu erkennen, was du dir aneignen solltest, um deine Berufung auszubauen, und was du vermeiden solltest, weil es sie lähmen könnte. Jesus verstand das. Doch im Gegensatz zu Ihm haben einige von uns Angst davor, mit den Menschen in Verbindung gebracht zu werden, deren Ansichten von unseren abweichen. Vielleicht haben wir das Gefühl, dass die Worte von Paulus uns Recht geben:

> *Vielmehr habe ich euch geschrieben: Ihr sollt nichts mit einem zu schaffen haben, der sich Bruder nennen lässt und ist ein Unzüchtiger oder ein Habgieriger oder ein Götzendiener oder ein Lästerer oder ein Trunkenbold oder ein Räuber; mit so einem sollt ihr auch nicht essen.[100]*

Ich glaube allerdings nicht, dass wir so eine Bibelstelle verwenden dürfen, um unsere eigenen Motive und unsere Ängste zu vertuschen. Ich denke, dass der Vorwurf von Paulus an Petrus uns ein besseres Bild von dieser dunklen Seite unseres Handelns vermittelt:

> *Als aber Kephas [Petrus] nach Antiochia kam, widerstand ich ihm ins Angesicht, denn er hatte sich ins Unrecht gesetzt. Denn bevor einige von Jakobus kamen, aß er mit den Heiden; als sie aber kamen, zog er sich zurück und sonderte sich ab, weil er die aus der Beschneidung fürchtete.[101]*

Ich mag in meiner Auffassung vom Leben nach dem Tod, von sexueller Ausrichtung und anderen Lehrmeinungen orthodoxer sein als Brian. Doch was, wenn ich zulasse, dass meine Feigheit und die Meinung anderer mich dessen berauben, was Gott mir durch ihn beibringen könnte? Mache ich es mir damit nicht schwer, mein Potenzial in vollem Umfang zu verwirklichen?

Denn wie konnte Jesu Wirkungskreis so viele verschiedene Menschen prägen?

Indem Er es so vielen verschiedenen Menschen erlaubte, Ihn zu prägen.

Gesprächsaufhänger

Stelle bildlich dar, wie sehr Jesus den verschiedenen Gruppen erlaubte, Ihn zu prägen (ausgehend von meinen Beschreibungen der Gruppen). Zeichne dafür Kreise, die sich mit dem Kreis weiter unten überschneiden, und gib jedem Kreis den entsprechenden Namen der Gruppe.

1. Pharisäer

2. Weise

3. Chassidim

4. Essener

Welches Schlüsselprinzip kannst du in Jesu kreisförmiger Reise erkennen?

Teile dein Prinzip mit uns über Social Media: #MusterInGottesReich

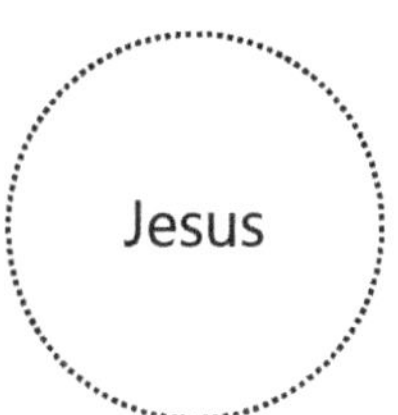

KREISE | Die Anwendungen

Puppe

Anwendung #1: *Lerne zu unterscheiden!*

Ist es Einbildung? Ist es Manipulation? Ist es Offenbarung?

Woher weißt du, ob die Führung, die du durch Menschen erhältst, von Gott kommt?

Ich habe bereits dargelegt, dass Muster Prophetien übertrumpfen. Dabei ist hoffentlich deutlich geworden, dass ich trotzdem sehr an die Kraft des Übernatürlichen glaube. Wenn dir also jemand sagt, Gott habe ihm ein Wort für dich gegeben, woher kannst du wissen, ob es tatsächlich von Gott kommt oder nicht?

Wenn jemand im Namen Gottes spricht, dann ist es entweder *Einbildung, Manipulation* oder *Offenbarung.*

Ich möchte gern ein paar einfache Überlegungen mit dir teilen, die dir hier weiterhelfen können. Dabei ist anzumerken, dass das hier keine ‚narrensichere' Methode ist, mit der wir Gottes Stimme erkennen können. Diese Überlegungen sind lediglich Grundprinzipien, die sich für mich als hilfreich erwiesen haben.

Wenn es *Einbildung* ist, muss es zwar nicht besonders schädlich sein, es kann aber von Gottes wahrer Absicht ablenken. Anzeichen dafür sind für gewöhnlich, dass die Botschaft nicht eindeutig ist und nicht auf die Probe gestellt werden kann. Wenn sie hingegen von Gott kommt, lässt sich darin in der Regel etwas erkennen, das nur Gott hätte wissen oder tun können.

Wenn es *Manipulation* ist, kann es in der Tat schädlich für uns sein. Ein Anzeichen kann sein, dass die Botschaft von dem getrennt ist, was Gott uns bislang gesagt hat. Gott benutzt Wiederholung. Selbst wenn Er in einer neuen Form spricht und andere Menschen gebraucht, Seine Botschaft wird etwas Vertrautes an sich haben, das an etwas anknüpft, von dem wir ganz sicher wissen, dass Er es uns zuvor gesagt hat.

Wenn es *Offenbarung* ist, dann wird es dem Teufel schaden. Der Anhaltspunkt dafür ist, dass etwas offenbart wird, das Gottes Reich in noch größerem Maße voranbringen kann, als wir es zuvor bewerkstelligen konnten. Es steht im Einklang mit der Bibel, im Einklang mit Gottes Wesen und es enthüllt eine Antwort auf unsere Frage: „Wie erziele ich die größte Wirkung für Gottes Reich?"

Wenn wir diese Dinge im Hinterkopf behalten, wird uns das dabei helfen, eine andere kontroverse Vorgehensweise unserer Zeit zu vermeiden: die Verwendung des Heiligen Geistes als Bauchrednerpuppe.

Bewusst oder unbewusst können wir Gott das sagen lassen, was wir möchten. Ein gängiges Problem in Gemeinden weltweit ist zum Beispiel, dass manche von uns sich zu etwas verpflichten und dann aussteigen, ehe wir unsere Versprechen erfüllt haben. Um unsere Untreue zu rechtfertigen, behaupten wir dann manchmal, dass Gottes Geist uns zu unserer Entscheidung veranlasst hat. Wir müssen lernen zu unterscheiden, wann Gottes Geist uns in etwas hineinführt und wann unsere menschliche Natur uns aus etwas herausführt.

Letzteres mag für etwas Erleichterung sorgen, doch es führt uns fast immer in ein Gefühl des Verlorenseins.

Ein einfacher Prüfstein ist Folgendes:

Der Heilige Geist wird uns niemals dazu bewegen, Sein Wort zu brechen ... oder unser Wort.

Wurzeln

Anwendung #2: *Lerne, deine Wurzeln weit auszubreiten!*

Es wird mehr Menschen anziehen. Es wird die richtigen Menschen anziehen. Es wird dich anziehender machen.

Vor langer Zeit kam ein christlicher Leiter mit etwas auf mich zu, das er ‚ein Wort von Gott' nannte.

> *Paul, ich glaube, Gott sieht in dir einen Baum, dessen Wurzeln nicht so sehr in die Tiefe wachsen, sondern sich sehr weitflächig ausgebreitet haben. Du hast außerhalb deines Netzwerkes neue Nahrungsquellen gefunden und das wird auch in Zukunft so weitergehen. Dadurch wirst du zu einem Baum mit weiten Ästen werden, in dem zahlreiche und vielfältige Vogelarten Schutz finden können.*

Es war zum Teil eine Beobachtung und zum Teil eine Vorhersage.

Beide Teile trafen zu. Ich habe über die Jahre hart gearbeitet, um Weisheit, Erkenntnis und Erfahrung aus vielen verschiedenen Quellen zu gewinnen. Ich habe die Gefahren erkannt, die es birgt, wenn jemand sein Denken nur aus einer Quelle schöpft. Wenn wir das tun, kann uns das darin einschränken, mit wem wir zusammenarbeiten können, *wie* wir mit ihnen arbeiten können und was dabei herauskommen kann.

Pais ist eine überkonfessionelle Organisation mit säkularen Partnerschaften. Würde ich nur die Bücher lesen, die meine Freunde lesen, und würde ich nur der Lehre zuhören, die meine Konfession verbreitet, so wäre ich nie imstande gewesen, die Menschen zusammenzubringen, die wir für diese weltweite Arbeit brauchen. Gegenwärtig haben wir viele verschiedene ethnische Gruppen bei Pais, die auf sechs Kontinenten arbeiten. Indem ich meine Wurzeln weit ausgebreitet habe, konnten wir vielfältige christliche Traditionen mit aufnehmen, die unsere Bemühungen ganzheitlicher und gesünder gemacht haben. Wenn wir uns nur in eine einzige Quelle vertiefen würden, dann würden wir dadurch weder unser Denken erweitern, noch die wichtigen gottgegebenen Offenbarungen erkennen, die in uns ruhen.

Wenn du Gottes Führung entdecken willst, musst du dich ihr aussetzen.

Dimensional

Anwendung #3: *Wähle deine Einflüsse mit Bedacht!*

Sind sie zu weit entfernt? Sind sie zu nah? Schaffe ich den richtigen Raum?

Grundsätzlich ist es so, dass Beziehungen (besonderen) Raum einnehmen und es keine schlechten Beziehungen gibt; allerdings ist es so, dass wir diesen Raum manchmal falsch einschätzen.[102]

Wenn wir richtig mit ihnen umgehen, können uns Beziehungen dabei helfen, etwas freizulegen, das Gott in uns verborgen hat. Allerdings kommt es oft vor, dass wir die falschen Menschen zu nah an uns heranlassen und die richtigen Menschen zu weit von uns entfernt halten.

> *Und sie winkten ihren Gefährten, die im andern Boot waren, sie sollten kommen und ihnen ziehen helfen. Und sie kamen und füllten beide Boote voll, sodass sie fast sanken.*[103]

Ist dir schon einmal aufgefallen, welche Reaktion Jesus von einigen Seiner Jünger forderte, als Er sie zum ersten Mal zu sich rief? Oft mussten sie mehr tun, als sich einfach nach Ihm auszustrecken. Sobald sie Seine Stimme gehört hatten, mussten sie sich meist nach anderen

Menschen ausstrecken. Wenn ein biblischer Held Gott begegnete — in der Wüste, in einer Trance, in einem Traum oder durch ein anderes lebensveränderndes Erlebnis — musste er in der Regel *sofort* einen anderen Menschen um Hilfe bitten, um fassen zu können, was ihm soeben aufgetragen wurde.

Dieser Ablauf trifft auch auf deine Berufung zu.

Allerdings reicht es nicht, einfach mit anderen Menschen zusammenzukommen, damit Sein Traum Wirklichkeit wird. Du musst herausarbeiten, wie du dein Leben angemessen mit anderen teilen kannst. Jesus lief zum Beispiel nicht herum und versuchte, mit jedem gleich viel Zeit zu verbringen. Er investierte anders in Seine Jünger als in die Menschenmassen. Selbst innerhalb des Kreises Seiner Jünger hatte Jesus mit manchen eine engere Verbindung als mit anderen.

Wenn wir also rundum vollkommene Menschen werden und imstande sein sollen, Gottes Auftrag an uns in vollem Umfang zu begreifen, dann sollten wir nicht nach nur einem Mentor suchen, sondern nach *mehreren*. Ich würde dir empfehlen, Menschen zu finden, die eine Erfolgsbilanz in den jeweiligen Gebieten nachweisen können, in denen du nach Orientierung suchst. Danach kannst du nach anderen Einflusspersonen für andere Lebensbereiche suchen.

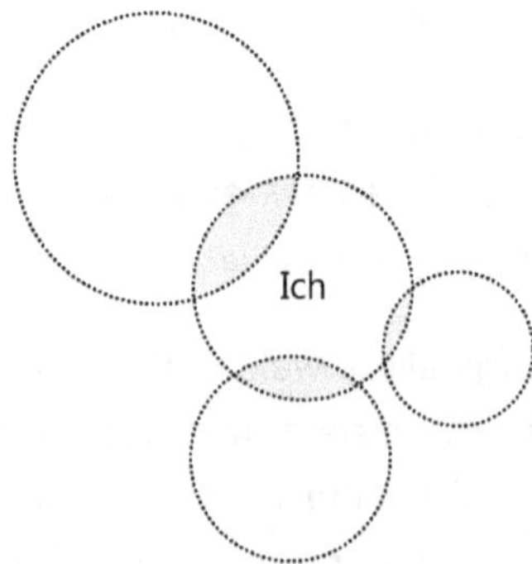

Niemand ist ein Experte in allem! Bestimmte Menschen, die ich für theologische Fragen um Rat bitte, würde ich zum Beispiel nicht aufsuchen, um mich in Sachen Kommunikation zu verbessern. Und es gibt Menschen, die großartig kommunizieren können, die ich allerdings nicht danach fragen würde, wie ich ein besserer Vater sein kann.

Und doch beschränken wir uns oft auf sehr wenige Menschen.

Warum?

Die traurige Wahrheit ist, dass wir unsere Entscheidungen mehr durch die Persönlichkeit anderer Menschen beeinflussen lassen, als durch die Frucht in ihrem Leben. Jene, die wir nicht leiden können, halten wir auf Distanz und jenen, mit denen wir uns gut verstehen, erlauben wir zu viel Einflussnahme — selbst wenn sie eindeutig nicht dafür geeignet sind.

Wir müssen mutig genug sein, die Menschen anzusprechen, deren Leben zeigt, dass sie uns Einblick in das geben können, wonach wir suchen! Und wir müssen den Mut haben, nicht für alles auf dieselben Menschen zurückzugreifen!

Manchmal liegt es nicht daran, dass wir Gottes Führung in unserem Leben *verpassen* ...

Manchmal *handhaben* wir sie einfach schlecht.

Teresa

Anwendung #4: *Lerne, den Kreis um dich herum zu erweitern!*

Liebe Gott. Liebe dich selbst. Liebe andere.

Gib acht, dass du Gott nicht einschränkst, indem du dich auf bestimmte Menschen beschränkst.

> *Das größte Problem in unserer Welt heute ist, dass wir den Kreis um uns herum zu eng ziehen.* — Mutter Teresa[104]

Es lag an Mutter Teresas Verständnis dieses Musters in Gottes Reich, dass ihr Vermächtnis und ihre Geschichte religiöse Grenzen überschreiten. Sie war eine Frau des Mitgefühls und ihr Wirkungskreis reicht bis in die Leben derer, die nicht ihrem katholischen Glauben angehören.

Auch Jesus forderte uns auf, einen größeren Kreis zu ziehen, als die Menschen außerhalb von Gottes Reich es tun.

> *Denn wenn ihr liebt, die euch lieben, was werdet ihr für Lohn haben? Tun nicht dasselbe auch die Zöllner?*[105]

> *Wie könnt ihr von Gott eine Belohnung erwarten, wenn ihr nur die liebt, die euch ebenfalls lieben? Das tun auch die Betrüger!*[106]

> *Und wenn ihr nur eure Freunde grüßt, was tut ihr da Besonderes? Tun das nicht auch die Heiden?*[107]

Gerade diese letzte Bibelübersetzung verknüpft unser Muster in Gottes Reich so eng mit dem Ziel der *Trilogie von Gottes Reich*. Wir dürfen nicht wie die Heiden sein, die Gott baten, ihre selbst gewählten Beziehungen zu segnen. Stattdessen müssen wir zuerst nach Gottes Reich trachten, indem wir Gott nach den Beziehungen fragen, zu denen Er uns führt.

Einmal habe ich einen erfahrenen Leiter gefragt, wie ich Pais zu Wachsen verhelfen könne. Er schlug vor, ich solle Zeit mit anderen christlichen Leitern verbringen, nicht nur mit meinen Pfingstler-Freunden. Unter anderem sagte er: „Warum verbringst du nicht ein paar Wochen in einem Kloster?" Doch ehe ich Zeit hatte, das in die Tat umzusetzen, hatte Gott mich seltsamerweise dazu bewegt, das Vereinigte Königreich zu verlassen und mit einer Megachurch in Texas zusammenzuarbeiten ... vielleicht nicht unbedingt das, was mein Ratgeber im Sinn hatte. Um ehrlich zu sein, hätte es mich einschüchtern können, doch wenn ich eine Sache auf meiner Reise gelernt habe, dann Folgendes:

Verunsicherung begrenzt deine Vision.

Gott hat nicht deswegen einen bestimmten Menschen in dein Leben gebracht, weil Er ihn *dir* gegenüber vorzieht. Er hat *dich* erschaffen, weil *du* genau derjenige bist, den Er wollte. Aus diesem Grund hat Er auch sichergestellt, dass du dein allererstes Rennen gewonnen hast. Denk mal darüber nach. Als du noch ganz jung warst, hast du den Leib deiner Mutter zusammen mit tausend anderen Mitstreitern betreten ... und du hast den ersten Preis gewonnen.

Du bist es, den Er will!

Doch Er sieht ein größeres Du in dir, als du es tust!

Gesprächsaufhänger

Anwendung #1: *Lerne zu unterscheiden!*

Anwendung #2: *Lerne, deine Wurzeln weit auszubreiten!*

Anwendung #3: *Wähle deine Einflüsse mit Bedacht!*

Anwendung #4: *Lerne, den Kreis um dich herum zu erweitern!*

1. Welche dieser Anwendungen trifft an diesem Punkt deiner Reise am ehesten auf dich zu?

2. Was ist der nächste praktische Schritt, den du gehen kannst?

3. Welche Fragen hast du noch?

4. Welchen Ratschlag habe ich nicht erwähnt, den du jemandem geben würdest, der in diesem Muster unterwegs ist?

5. Teile deinen Ratschlag und deine Fragen mit uns über Social Media: #MusterInGottesReich

MUSTER IN GOTTES REICH

4

RINGE

RINGE | Das Muster

Fortschritt ist ringförmig.

Hattest du schon einmal das Gefühl, dass dein Leben sich im Kreis dreht? Nun, vielleicht trifft das ja zu.

Obwohl wir uns sehr danach sehnen, im Leben voranzukommen, fühlen wir uns manchmal wie festgefahren — wir haben dieselben Routinen, die stets dieselben Ergebnisse erbringen. Das ist ein Problem. Denn wie können wir dazu beitragen, dass Gottes Reich sich ausbreitet, wenn wir selbst keinen Schritt vorankommen?

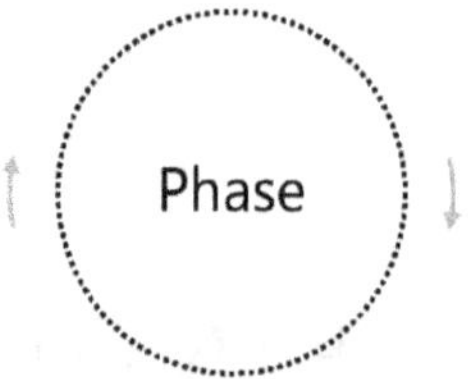

Eine typische Szene in alten Schwarz-Weiß-Kriegsfilmen ist das Radar auf einem U-Boot. Ein Besatzungsmitglied entdeckt ein sich näherndes Schiff und deutet dann auf das Piepen des Radars, das jedes Mal ertönt, wenn das Radar eine weitere Runde macht.

Piep. Piep. Piep.

Gottes Führung in unserem Leben kann oft so aussehen, wie der Signalton auf einem Radar.

Ich bin mir sicher, dass du das schon einmal erlebt hast. In einem bestimmten Lebensabschnitt fängst du an, dieselbe Botschaft zu hören, wo auch immer du hingehst. Vielleicht bist du im Urlaub und besuchst eine neue Gemeinde und der Pastor hält genau dieselbe Predigt, die du vorhin noch zuhause gehört hast. Freunde, Familie, Verwandte und sogar Menschen, die dich gar nicht kennen, sprechen dasselbe Gebet für dich. Oder vielleicht ist es auch ein ganz bestimmtes Motiv, Thema oder eine Lektion, die dir beim Bibellesen immer wieder ins Auge springt, egal, welche Bibelstelle du auch liest.

Piep. Piep. Piep.

Jedes Piepen ist ein Warnsignal, nicht zwangsweise von bevorstehendem Unheil, sondern von einer bevorstehenden Gelegenheit. Jedes von ihnen weist auf einen neuen Lebensabschnitt hin und bereitet uns auf den Absprung vor. Eine Gelegenheit für so einen Absprung dauert für gewöhnlich länger als nur einen Augenblick, sie bleiben allerdings nicht dauerhaft bestehen.

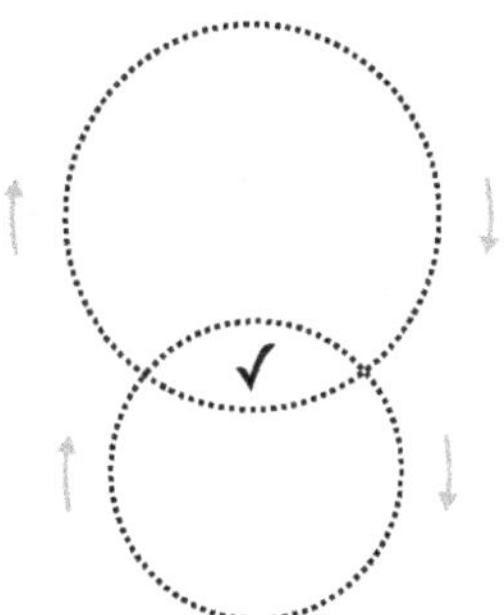

Salomo, der als einer der weisesten Menschen in der Geschichte beschrieben wird, sagte einmal:

Der Weg des Klugen zieht sich aufwärts ... [108]

Es stimmt: Um vorwärtszukommen, müssen wir Dinge aufziehen — wie bei einem Spielzeug mit einem Federwerk, das wir aufziehen, bis es nicht mehr geht — und dann loslassen.

Wahrscheinlich kennst du den Ausdruck ‚jemanden aufziehen'. Er beschreibt das wiederholte Sticheln und Ärgern, mit dem Ziel, bei der betreffenden Person eine Reaktion zu provozieren. Im Englischen benutzen wir diesen Ausdruck auch, wenn jemand in Schwierigkeiten ‚gerät'. Auch hier wird der Gedanke vermittelt, dass die Wiederholung eines bestimmten Verhaltens letztendlich zu einem unvermeidlichen Ergebnis führt.

Gottes Plan für dich ist nicht, dass du in Schwierigkeiten gerätst, sondern in einen neuen Lebensabschnitt. Allerdings geschieht das nicht ‚von selbst'; es gibt etwas *Neues*, das du tun, sagen oder denken musst, um den Übergang zu schaffen. Es kommt der Augenblick, in dem du *handeln* musst.

Verpass es und du wirst etwas verpassen ... zumindest in absehbarer Zukunft.

In Gottes Wort können wir lesen, wie Jabez ein kluges Gebet spricht:

> *Dass du mich doch segnen und mein Gebiet erweitern mögest ...* [109]

Es war ein gutes Gebet, denn Gottes Wunsch ist es, unentwegt unser Leistungsvermögen zu erweitern – mit dem Ziel, Sein Reich voranzubringen.

Ich erinnere mich allerdings an ein beliebtes Buch, das vor vielen Jahren erschien. Es führte viele zu der Annahme, dass wenn sie dieses Gebet regelmäßig sprechen, es einfach in Erfüllung gehen würde. Doch das tut es nicht.

Wenn wir uns von einem Ring zum nächsten aufwärts bewegen wollen, müssen wir die richtige Gelegenheit wahrnehmen, die Gott uns gibt, und die notwendigen Änderungen vornehmen. Dafür mag ein neues Maß an Reife erforderlich sein und es bringt garantiert neue Herausforderungen mit sich. Das Problem ist, dass wir, wenn wir älter werden, nicht automatisch geistlichen Scharfsinn entwickeln. Vielmehr fällt es uns in der Regel sogar schwerer, uns zu verändern, je älter wir werden. Dieses Muster in Gottes Reich wiederholt sich also deshalb, um uns nicht nur einmal, sondern viele Male in unserem Leben dabei zu helfen, den Absprung zu schaffen. Dieser *Typos* ist darauf ausgelegt, neue Handlungsweisen und einen Übergang nach oben für uns ganz natürlich zu machen.

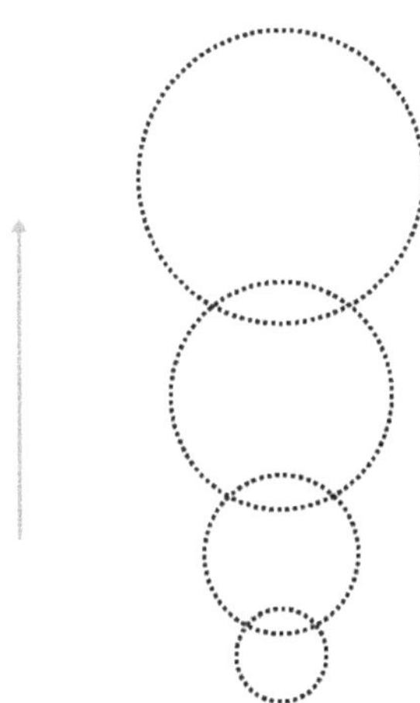

Einfach ausgedrückt: Je öfter wir uns verändern, umso leichter wird Veränderung für uns.

Binah

Ironischerweise ist das Ziel von Wiederholung Fortschritt.

Salomo verstand, dass unser Leben entweder aufwärts führt oder abwärts führt und verkümmert. Er erkannte, dass Weisheit der Schlüssel ist, und Weisheit beginnt damit, dass wir etwas über unser Verstehen verstehen.

Wusstest du, dass Weisheit im jüdischen Denken drei Bestandteile hat? Genau genommen ist das hebräische Wort dafür — *Chabad* — eine Abkürzung für drei aufeinander aufbauende Schritte.

Der erste Schritt heißt *Chochmah* und meint *Einsicht*. Genau genommen steht er für den ersten Gedankenblitz des Verstehens. Wenn einhundert Menschen in einem Raum von einer guten Idee hören, dann ist das *Hören* der erste Schritt zur Weisheit. Doch egal, wie oft wir es hören, das Hören allein macht uns nicht weise.

Der zweite Schritt heißt *Binah* und meint *Urteilsvermögen*. Das ist der Moment, in dem wir beurteilen, ob diese Einsicht gut oder schlecht ist. Wichtig für die Zusammenhänge in diesem Buch ist, dass es der Moment ist, in dem wir entscheiden, ob etwas eine von Gott stammende Idee ist und ob wir danach handeln sollen.

Der dritte Schritt heißt *Da'at* und meint *Wissen*. Wissen im Zusammenhang mit Weisheit meint jedoch mehr als nur Informationen. Praktisch gesehen handelt es sich um ein Verb. Bei Da'at haben wir eine Einsicht angenommen und ihr entsprechend gehandelt, und zwar in solchem Ausmaß, dass sie nun ein Teil von uns ist. Hier üben wir uns in der Weisheit, die wir empfangen haben, bis sie ganz natürlich für uns geworden ist.

Bei *Da'at* erlauben wir Gottes *Typos*, Einsicht in Wirklichkeit zu verwandeln.

Folglich sind die drei Schritte der Weisheit:

> Hören.
> Beurteilen.
> Werden.

Diese zweite Stufe von Weisheit ist der Schlüssel zum Fortschritt. *Binah* stammt vom hebräischen Wort *beyn* und bedeutet ‚zwischen'. Es deutet auf die Fähigkeit, *zwischen* dem Wirklichen und dem Unwirklichen, dem Wahren und dem Unwahren, einer Gott-Gelegenheit und einer Ablenkung zu unterscheiden. Was einen weisen Menschen ausmacht, ist somit die Fähigkeit, einen Zusammenhang herzustellen, den der unkluge Mensch nicht erkennt ... und umgekehrt.

Im Jahr 1988 verkündete der Premierminister des Vereinigten Königreiches, dass alle öffentlichen Schulen eine „tägliche Handlung christlichen Gottesdienstes im weiteren Sinne" haben sollten. Jede Schule im Vereinigten Königreich musste also einmal am Tag irgendeine Art von Gebet, Hymne oder religiöser Predigt für die gesamte Schule abhalten. Schulen und Lehrer, denen es unangenehm war, dieser Verpflichtung nachzukommen, wurden dazu ermutigt, es ihrem außerschulischen Umfeld zu überlassen. Alle Gemeinden im Vereinigten Königreich hörten davon (*Chochmah*), doch nur wenige verstanden, wie wichtig diese Gelegenheit war (*Binah*), und so reagierten relativ wenige in dem Maß darauf, dass es Teil ihrer alltäglichen Gemeindekultur (*Da'at*) wurde.

Die meisten Gemeinden versuchten weiterhin, durch ihre kleinen internen Jugendgruppen zu wachsen. Im Großen und Ganzen haben wir uns immer wieder im Kreis gedreht, Veranstaltungen organisiert und dabei die immensen Möglichkeiten übersehen, auf die Jugend in unserem Land einzuwirken. Natürlich ist es viel einfacher, uns über den Mangel an Gott in Schulen zu beschweren, als Gott zu erlauben, uns in den richtigen Methoden zu schulen. Leider bleiben die meisten Türen aber nicht dauerhaft offen und ein Signalton wird nicht für immer auf dem Bildschirm bleiben.

Als Salomo um Weisheit bat, bat er gezielt um *Binah*.

> *In Gibeon erschien der HERR dem Salomo bei Nacht im Traum. Und Gott sprach: Bitte, was ich dir geben soll! Und Salomo sprach: ... so gib du deinem Knecht doch ein verständiges Herz,*

*dass er dein Volk zu richten versteht und unterscheiden kann,
was Gut und Böse ist.*[110]

Fortschritt infolge von *Binah* können wir auch im Gleichnis vom
Sämann sehen. Wie bei den anderen jüdischen Fassungen dieses
Gleichnisses liegt auch hier der Schwerpunkt nicht auf der Saat, son-
dern auf dem Boden, auf dem sie landet. Das Gleichnis lehrt uns, dass
Vermehrung nicht von der Botschaft selbst abhängt, sondern von der
Antwort des Zuhörers. Ich habe es vorhin schon einmal gesagt: Das
Saatkorn schmeckt vielleicht nicht wie die Pflanze, sie sieht nicht aus
wie die Pflanze und fühlt sich auch nicht an wie die Pflanze. Na und?

Es ist der Boden, der bestimmt, ob sie je zu einer Pflanze heranwachsen wird!

Quasten

Unser Urteilsvermögen entscheidet, ob wir den Absprung von einem
Ring zum nächsten schaffen ... oder nicht.

Anstatt wichtige Einsichten unbemerkt vorbeiziehen zu lassen, lehrt
uns dieses Muster in Gottes Reich, dass es etwas gibt, das wir tun
müssen ... etwas, das wir ergreifen müssen.

*Und er ging hin mit ihm. Und es folgte ihm eine große Menge,
und sie umdrängten ihn. Und da war eine Frau, die hatte den
Blutfluss seit zwölf Jahren und hatte viel erlitten von vielen
Ärzten und all ihr Gut dafür aufgewandt; und es hatte ihr nichts
geholfen, sondern es war nur schlimmer geworden. Da sie von
Jesus gehört hatte, kam sie in der Menge von hinten heran und
berührte sein Gewand. Denn sie sagte sich: Wenn ich nur seine
Kleider berühre, so werde ich gesund. Und sogleich versiegte die
Quelle ihres Blutes, und sie spürte es am Leibe, dass sie von ihrer
Plage geheilt war.*[111]

Diese Erzählung ist eines von vielen großartigen Beispielen von *Binah* in der Bibel. Die Frau wusste: Wenn sich ihr Zustand nicht verbessern würde, würde er sich nur immer weiter verschlechtern. Sie war gefangen in einem endlosen Kreislauf von ärztlichen Verordnungen und Arzneien, die ihr kein bisschen geholfen hatten.[112] Allerdings hatten sie in ihr die Verzweiflung erzeugt, die sie brauchte. Eine Verzweiflung, die Jesus dazu veranlasste, Folgendes zu verkünden:

> *Meine Tochter, dein Glaube hat dich gesund gemacht; geh hin in Frieden und sei gesund von deiner Plage!*[113]

Binah bewegte sie dazu, Sein Gewand zu berühren. Genau genommen ist ‚Gewand' keine gute Übersetzung, da wir von Theologen lernen, dass sie gezielt die Quasten an den Zipfeln Seines Gewands berührte. Die Bedeutung dahinter ist überraschend.

Die Quasten hatten fünf Knoten. Nach jüdischem Brauch standen sie für die fünf Bücher der Thora, während die vier Zwischenräume für die Buchstaben von Gottes Namen JHWH standen. Auf den ersten Blick scheint das vielleicht nicht besonders relevant zu sein. Es gewinnt allerdings sehr an Bedeutung im Hinblick auf eine Prophetie Maleachis, der vorausgesagt hatte, dass der Messias mit ‚Heilung unter Seinen Flügeln' kommen würde.[114] Wörtlich genommen klingt das seltsam, doch ein Jude verstand, dass das hebräische Wort für ‚Flügel' auch im Sinne der Quasten gedeutet werden konnte, die von jüdischen Männern getragen wurden. Darauf beruhend vermuteten einige Juden, dass der Messias Heilung in Seinen Quasten haben würde. Manche Pharisäer machten diese daher sehr lang, in der Hoffnung Anerkennung zu finden.

Über sie äußerte sich Jesus wie folgt:

> *Alle ihre Werke aber tun sie, damit sie von den Leuten gesehen werden. Sie machen ihre Gebetsriemen breit und die Quasten an ihren Kleidern groß.*[115]

Viele in der Menschenmenge sahen Jesus, viele hatten gehört, dass Er der versprochene Retter sei, und viele kannten die Prophetie. Doch nur eine Person verstand, dass die Gelegenheit eine Herausforderung mit sich brachte. Nur eine Person erkannte, dass eine Reaktion erforderlich war. Nur eine Person war weise genug, etwas mit der Einsicht zu tun, die sie gewonnen hatte.

Nur eine einzige Person reagierte auf das ‚Piep‘.

Indem sie Jesu Quasten berührte, bekannte die Frau ihren Glauben an Ihn als den Messias. Und doch näherte sie sich Ihm von hinten, denn sie wusste: Wenn sie falsch lag, machte sie Ihn mit ihrer Berührung unrein. Wie schrecklich das für Ihn als Rabbi wäre, was sie da riskierte! Doch mit ihrem Handeln verkündete sie, dass sie von Ihm verwandelt würde ... und nicht umgekehrt.

Und damit hatte sie Recht!

Auch andere waren krank. Auch andere glaubten. Doch weil sie erkannte, dass sie *etwas tun* musste, war sie befreit von der statischen Welt von Krankheit und Abgrenzung. Sie hatte gehört, dass Jesus der Messias sei (*Chochmah*), doch ehe sie durch dieses Wissen verwandelt wurde (*Da'at*), musste sie dieser Einsicht entsprechend handeln (*Binah*).

Wie viele Nachfolger Jesu drehen sich gerade im Kreis, weil sie die Signaltöne zwar hören, die erforderliche Gelegenheit jedoch nicht ergreifen oder nicht verstehen? Gottes Reich kommt nicht voran, wenn wir Dinge tun, damit andere Menschen sie sehen, sondern wenn wir sehen, was es für uns zu tun gibt, auch wenn andere Menschen es nicht sehen.

Vor zweitausend Jahren war Jesus der mächtigste Passant aller Zeiten.

Heute ist Er das noch immer.

Gesprächsaufhänger

1. Markiere mit einem Kreis, an welchem Punkt in diesem Muster in Gottes Reich du dich befindest.

2. Warum siehst du dich dort? Schreibe es auf.

3. Wärest du gerne an einer anderen Stelle? Wenn ja, markiere die Stelle mit einem ‚X'.

4. Erkennst du noch ein weiteres Prinzip in diesem Muster, das nicht in diesem Buch erwähnt wird?

5. Teile deine Gedanken mit uns über Social Media: #MusterInGottesReich

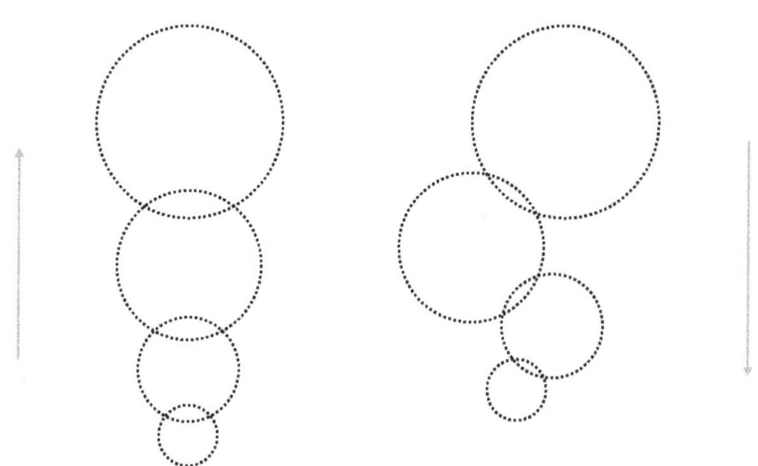

RINGE | Der Pilger

Mose

Hat sich irgendjemand in der Geschichte der Menschheit mehr im Kreis gedreht als Mose?

Das Leben unseres Helden veranschaulicht dieses Muster in Gottes Reich mehr als einmal, sowohl im Positiven als auch im Negativen. Er wurde von Gott hoch geehrt und in hohem Maße gebraucht. Und doch gab es Schlüsselmomente in seinem Leben, die nicht nur *sein* Schicksal veränderten, sondern auch das eines ganzen Volkes.

Wir lernen Mose kennen, als er noch ein Baby war, in einem Korb aus Schilfrohr – und am unteren Ende eines Rings.

Wenn du dich an die Geschichte von Josef erinnerst, dann weißt du, dass eine kleine Gruppe von Abrahams Nachkommen nach Ägypten geflohen waren. Unter dem Schutz von Josef, der rechten Hand des Pharao, waren sie dort zu einem gewaltigen Volk herangewachsen. Das Problem war, dass die Israeliten vierhundert Jahre nach Josef als Bedrohung betrachtet wurden und die Ägypter in Panik gerieten.

Deshalb setzten die Ägypter Aufseher ein, um die Israeliten mit Zwangsarbeit unter Druck zu setzen. Sie mussten die Vorratsstädte Pitom und Ramses für den Pharao bauen. Aber je mehr sie die Israeliten unterdrückten, umso stärker vermehrten sich diese. Sie breiteten sich derartig aus, dass die Ägypter das Grauen vor den Israeliten packte. Darum gingen sie hart gegen sie vor und zwangen sie zu Sklavendiensten.[116]

Nachdem Zwangsarbeit ohne Erfolg blieb, verkündeten sie, dass alle männlichen Nachkommen der Hebräer bei ihrer Geburt getötet werden mussten. Mose jedoch wurde gerettet und durch einige merkwürdige Umstände gelangte er in den Königspalast, wo er von Angehörigen der königlichen Familie adoptiert wurde und als ein Prinz Ägyptens aufwuchs.[117]

Als Erwachsener erfuhr Mose mehr darüber, wer er war. Er hatte ein Saatkorn in seinem Herzen und seinem Denken, ein instinktives Gespür, dass er eines Tages der Erlöser der Juden wäre, eine Art Retter. Aber wenn so ein Saatkorn in unser Herz gepflanzt wird, verknüpfen wir sie oft mit dem, was wir kennen und was am ehesten danach aussieht. Unser Held Mose geriet in dieselbe Falle: Umgeben von Brutalität und Furcht versuchte er, sein Volk auf die Art und Weise zu befreien, die die Welt um ihn herum ihm aufzeigte.

Da wurde er Zeuge, wie ein ägyptischer Mann einen von seinen Stammesbrüdern misshandelte. Mose schaute sich nach allen Seiten um, und als er sah, dass niemand in der Nähe war, erschlug er den Ägypter und verscharrte ihn im Sand. Am nächsten Tag ging er wieder hinaus. Da sah er zwei Hebräer miteinander streiten. Er sagte zu dem, der im Unrecht war: „Warum schlägst du einen Mann aus deinem eigenen Volk?" „Wer hat dich denn zum Aufseher und Richter über uns eingesetzt?", erwiderte dieser. „Willst du mich auch umbringen wie den Ägypter?" Da erschrak Mose. „Also ist es doch herausgekommen", dachte er.[118]

Unmittelbar darauf ergriff Mose die Flucht und seinen nächsten Lebensabschnitt verbrachte er sowohl physisch als auch geistlich in einer Wüste.

Was hatte zu diesen tragischen Umständen geführt? Ich denke, es war sein Anspruchsdenken. Mose war im Palast des Pharao aufgewachsen. Was für ein Privileg! Doch vielleicht waren Privilegien Teil des Problems. Josef war durch die Hölle gegangen, um die Macht zu erlangen, in die Mose schlichtweg hineingeboren wurde. Und doch hatte Josefs Pilgerreise ihn auf die Macht vorbereitet, ganz im Gegensatz zu Mose, der an die Macht kam, ohne dass er irgendetwas dafür hätte tun müssen. Denn das ist ja das Problem mit Privilegien, oder? Sie verleiten uns zu dem Gedanken, dass uns etwas zustünde. Ebenso könnten wir auf den Gedanken kommen, dass Gott uns zusammen mit der Vision auch die Erlaubnis geben würde, Seine Gebote zu brechen — im Fall von Mose also die Erlaubnis zu töten.

Als seine Gelegenheit dann kam, vergeigte er die Sache.

Aber Gott ist ein Gott der Gnade und dieses Muster in Gottes Reich lehrt uns, dass eine Gelegenheit oft wiederholt. Und jedes Mal unterstreicht sie den neuen Lebensabschnitt, den Gott noch immer für uns hat. Doch jedes Mal unterstreicht sie auch den Teil, den Er noch *in uns* verändern muss, damit wir in diesen neuen Abschnitt eintreten können. Das kann etwas sein, das wir üben müssen. Das kann ein neuer Charakterzug sein, den wir entwickeln müssen, eine neue Fertigkeit oder eine neue Denkweise, die wir uns aneignen müssen.

Oder vielleicht ist es etwas, das wir *loslassen* müssen.

Ausreden

Mose schaffte seinen ersten Übergang im Alter von 80 Jahren.

Ich spreche oft davon, dass Vision nicht etwas Dramatischem, sondern einem unangenehmen Gespräch mit Gott entspringt. Das Theatralische gewinnt lediglich unsere Aufmerksamkeit, doch das darauf folgende Gespräch bringt Gottes Plan.

Mose hütete die Herde seines Schwiegervaters Jitro, des Priesters von Midian. Eines Tages trieb er die Tiere durch die Wüste und kam zum Horeb, dem Berg Gottes. Da erschien ihm der Engel des Herrn in einer Feuerflamme, die aus einem Dornbusch schlug. Mose sah, dass der Busch zwar in Flammen stand, aber nicht verbrannte. „Das ist ja seltsam", sagte er zu sich selbst. „Warum verbrennt dieser Busch nicht? Das muss ich mir näher ansehen."[119]

Mose war bereit für ein Wunder.

Mehr noch: Er hatte das Bild von sich als Erlöser seines Volkes abgelegt und war ein Schafhirte geworden. Gedemütigt und allein wie er war, war er nicht nur bereit für ein Wunder, er war auf eins vorbereitet worden.

„Komm nicht näher!", befahl Gott ihm. „Zieh deine Sandalen aus, denn du stehst auf heiligem Boden." [...] Als Mose das hörte, verhüllte er sein Gesicht, denn er hatte Angst Gott anzuschauen. Der Herr sagte zu ihm: „Ich habe gesehen, wie mein Volk in Ägypten unterdrückt wird. Und ich habe ihr Schreien gehört. Ich weiß, wie sehr es leidet. [...] Nun geh, denn ich sende dich zum Pharao. Du sollst mein Volk, die Israeliten, aus Ägypten führen."[120]

Das Interessante ist: Als Mose auf *heiligem Boden* stand, war er an genau dem Ort angelangt, an dem viele von uns liebend gerne wären. Er hatte den Wunschtraum aller Anbetung erreicht. Er konnte Gottes Gegenwart um ihn herum ganz deutlich spüren und Gott sprach auf direktem Wege mit ihm. Stell dir das vor! Ist das nicht das letztendliche Ziel? In Gottes Gegenwart zu treten und sie nie wieder zu verlassen?

Doch schon wenige Augenblicke danach sagte Gott:

„Geh."

Für Gott ist unser endgültiges Ziel nichts weiter als ein Rastplatz. Gott ist ein Gott, der Fortschritt bringt.

> *„Wer bin ich, dass ich zum Pharao gehen und die Israeliten aus Ägypten führen sollte?", fragte Mose Gott.*[121]

Moses erste Ausrede verriet, was Gott die letzten vierzig Jahre über in ihm getan hatte. Er fühlte sich wie ein Niemand. Der Stolz, der ihn vor so vielen Jahren aufgehalten hatte, war ihm weniger anzumerken. Doch nicht nur das, er verstand auch noch etwas anderes:

> *Aber Mose wandte ein: „Wenn ich zu den Israeliten gehe und ihnen sage: `Der Gott eurer Vorfahren hat mich zu euch gesandt´, und sie mich dann fragen: `Wie heißt er denn?´, was soll ich ihnen dann antworten?"*[122]

Mose erkannte, dass er nicht alle Antworten kannte. Obwohl er als Prinz aufgewachsen war, fühlte er sich nicht für das gewappnet, was Gott von ihm verlangte.

> *Mose aber antwortete dem HERRN: Ach, Herr! Ich bin kein redegewandter Mann, weder seit gestern noch seit vorgestern, noch seitdem du zu deinem Knecht redest; denn unbeholfen ist mein Mund und unbeholfen meine Zunge.*[123]

Welche Schlussfolgerung Mose letztendlich zog, wird deutlich, als er schlichtweg sagte:

> *„Ach, Herr, sende doch lieber einen anderen!"*[124]

Mose steckte voller Ausreden. Und doch hatte er den Absprung geschafft.

> *Mose ging hin und kam wieder zu Jitro, seinem Schwiegervater, und sprach zu ihm: Lass mich doch gehen, dass ich wieder zu meinen Brüdern komme ...* [125]

Er hatte *Einsicht* durch ein Wunder gewonnen, aber *Urteilsvermögen* durch ein Gespräch.

In diesem unangenehmen Gespräch mit Gott gab Mose viele gute Gründe, warum er nicht tun sollte, was er tun musste. Doch seine Ausflüchte halfen ihm dabei, einen Weg nach vorne zu entdecken. Durch sie verstand er, dass mit Gott alle Dinge möglich sind, solange wir alle Dinge auf Seine Art und Weise tun. Seine Ausreden waren das Resultat seiner Angst — die Versagensangst, die ihn heimsuchte, seitdem er seine vorige Gelegenheit verpasst hatte. Und es waren seine Ausreden, die ihn dazu bewegten, Gottes Wahrheit zu entdecken.

Ausreden können dir dienen, doch du solltest nie ihr Sklave werden.

Wüste

Mose ging voran und brachte ein ganzes Volk vorwärts.

Nach langen Auseinandersetzungen mit dem Pharao sowie vielen Zeichen und Wundern verließen die Israeliten Ägypten und machten sich auf ihren Weg in ein unbekanntes Land. Doch alle Muster in Gottes Reich wiederholen sich und so erleben wir, wie unser Pilger an der Grenze des Verheißenen Landes einem weiteren Glied in der Kette des Lebens ins Auge sieht.

Mose und die Israeliten standen kurz davor, in das Gelobte Land einzuziehen, da sandte er unerklärlicherweise Spione aus, um das Land zu erkunden. Das Überraschende war nicht, dass er sie beauftragte, sondern dass er ihre Namen veröffentlichte und ihre Entdeckungen zur Diskussion stellte.

Und sie erzählten ihm und sagten: Wir sind in das Land gekommen, wohin du uns gesandt hast; und wirklich, es fließt von Milch und Honig über, und das ist seine Frucht. Allerdings ist das

> *Volk stark, das in dem Land wohnt, und die Städte sind befestigt
> und sehr groß ...* [126]

Das war ein verhängnisvoller und entscheidender Moment in Israels Geschichte.

Mose führte eine Debatte darüber, ob er tun sollte, was Gott ihm bereits aufgetragen hatte, oder nicht. Warum sollte jemand so etwas tun? Vielleicht um anderen die Gelegenheit zu geben, ihn vom Gegenteil zu überzeugen? Vielleicht um den eigenen Willen hinter *ihrer* Entscheidung zu verbergen? Was auch immer der Grund gewesen sein mag: Nachdem Mose den Absprung in Gottes Plan erfolgreich geschafft hatte, als er aus Ägypten herausgerufen wurde, scheiterte er nun am Absprung in den nächsten Ring, als Gott ihn in das Gelobte Land rief.

Und das kam dabei heraus:

> *„Weil die Männer 40 Tage das Land erkundet haben, sollt ihr 40
> Jahre lang die Folgen eurer Sünde tragen: ein Jahr für jeden Tag.
> Ihr sollt erfahren, wie es ist, mich zum Feind zu haben."* [127]

Nicht zu fassen! Gott 40 Jahre lang *zum Feind* haben? Wie sah das wohl aus? Nun, die Reise ins Gelobte Land hätte eigentlich nur einige Wochen dauern sollen; stattdessen dauerte sie vierzig Jahre. Das ist eine Durchschnittsgeschwindigkeit von ungefähr zehn Kilometern pro Jahr! Doch sie sind nicht im Zeitlupentempo gelaufen. Sie haben nicht denselben Weg gewählt, nur im Schneckentempo. Nein, sie haben sich immer und immer wieder im Kreis gedreht. [128]

Das hebräische Volk brauchte vierzig weitere Jahre, um wieder vorwärtszukommen. In der Zeit musste Gott in der neuen Generation nicht nur ihre Kultur fehlender Wertschätzung ersetzen. Er musste sie auch auf eine vierzig Jahre lange Reise von Zeichen und Wundern mitnehmen, denn traurigerweise war genau das nötig, um ihren Glauben wieder aufzubauen.

Könnte es sein, dass die Reise, auf der du dich gerade befindest, deinen Glauben wieder aufbaut?

Wenn ja: Je schneller er wächst, umso schneller bist du für deinen nächsten Absprung bereit.

Pharao

Jesus ist der Weg, doch der Teufel verleitet uns zur Abkehr.

> *Denn den Unverständigen bringt ihre Abkehr den Tod, und die Toren bringt ihre Sorglosigkeit um ...* [129]

Die Horrorfilme, die dem Satan Angst machen, sind die Bilder, die Jesus mit Seinen Worten malt: Sie sind von Menschen bevölkert, die von Gottes Reich ergriffen sind. Anstatt dir beim Vorwärtskommen zu helfen, versucht der Teufel also, dich zu Fall zu bringen, indem er dafür sorgt, dass du Gottes Gelegenheiten für deinen Absprung verpasst. Er bietet dir etwas Gutes an, solange es dich davon abhält, etwas Großartiges zu tun. Er führt dich abwärts und zudem verkleinert er deine Grenzen.

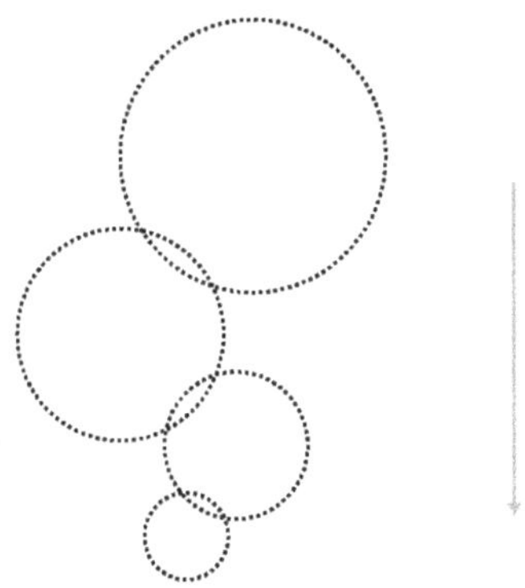

Doch dein Feind hat ein Problem, aber es ist nicht das, was du denkst.

Gelegentlich höre ich, wie Christen den Teufel als dumm, begriffsstutzig oder als Idioten bezeichnen. Ich habe sogar gehört, wie Christen sich darüber wundern, dass der Satan seine eigene Zukunft nicht kennt. Doch sie liegen falsch.

Er ist nicht dumm. Er ist ein Sklave.

Er *kennt* seine Zukunft. Sein Problem ist nicht, dass er nicht weiß, was er tut, sondern dass er nicht anders kann. Der Teufel ist viel schlauer als wir alle, aber er ist ein Sünder, der zum größten aller Sklaven der Sünde geworden ist. Wir wissen, dass er ewiglich bestraft werden wird, denn wir wissen, dass sein Herz ewiglich verhärtet ist.

Doch seine vorherbestimmte Lage gibt uns einen Einblick in die negativen Möglichkeiten dieses Musters:

> *Die Wahrsager konnten wegen der Geschwüre Mose nicht gegenübertreten, sie waren wie alle Ägypter von Geschwüren befallen. Aber der Herr verhärtete das Herz des Pharao, sodass er nicht auf sie hörte ...* [130]

Augenblick mal.

Der *Herr* verhärtete das Herz des Pharao? Damit habe ich ein Problem. Genau genommen habe ich mehrere Probleme damit. Zunächst einmal: Wie kann Gott Sich selbst einen liebenden Gott nennen, wenn Er einem Menschen das Herz verhärtet? Und was ist mit unserem freien Willen? Und überhaupt, warum entscheidet sich Gott dafür, einigen Menschen das Herz zu verhärten und anderen nicht?

Obwohl ich diesen Vers gerne als unglückliche Formulierung verwerfen würde, kann ich das nicht tun. Denn es ist kein Einzelfall. Es gibt sechsundvierzig Stellen in der Bibel, an denen Gott auf diese

Weise eingreift.[131] Es ist eine Tatsache, dass Gott aktiv, absichtlich und vorausschauend die Herzen mancher Menschen verhärtet.

Dabei gibt es wiederum einen Prozess aus drei Schritten – wie ein Negativbild von den drei Schritten der Weisheit:

> Wir hören.
> Wir *missachten.*
> Wir werden.

Die Geschichte des Pharao bietet uns eine klassische Fallstudie darüber an, wie Gott Herzen verhärtet; sie zeigt uns die drei möglichen Schritte einer Negativ-Version dieses Musters in Gottes Reich.

Schritt #1: Gott sagt, Er wird es tun.

Gott kannte das Herz des Pharao und den inneren Kampf, den er mit Gottes Aufforderung hätte, und Er warnte Mose, dass Er das Herz des Pharao verhärten würde.[132]

Der darauf folgende Kampf war Wille gegen Wille. Um ihn besser verstehen zu können, müssen wir zunächst den Kontext besser verstehen.

> *Da trat ein neuer König die Herrschaft über Ägypten an, der Josef nicht mehr kannte. Er sagte zu seinen Leuten: „Passt auf! Das Volk der Israeliten ist zahlreicher und stärker als wir. Wir müssen geschickt gegen sie vorgehen, damit sie nicht noch stärker werden! Sonst laufen sie in einem Krieg womöglich zu unseren Feinden über und kämpfen gegen uns und ziehen dann aus dem Land weg."*[133]

Diese Bibelstelle enthält eine selbst-Angst-erfüllende Prophezeiung.

Schon lange vor dem Treffen mit Mose hatte der König von Ägypten Angst in seinem Herzen. Wenn wir Angst haben, dann sind die Dinge, die wir tun, um unseren schlimmsten Albtraum zu verhindern, ironischerweise genau die Dinge, die diesen Albtraum Wirklichkeit werden lassen. Und so war es eigenartigerweise der vom Pharao befohlene Massenmord, der zum Aufstieg seines Angstgegners führte.

Sein Handeln führte dazu, dass zusammen mit Mose sechshunderttausend erwachsene hebräische Männer Ägypten verließen. Und sie waren nicht die Einzigen; auch eine nicht näher angegebene, aber große Zahl an Nicht-Hebräern verließ mit ihnen das Land.

> *Und es zog auch mit ihnen viel fremdes Volk, dazu Schafe und Rinder, sehr viel Vieh.*[134]

Es wird geschätzt, dass inklusive Frauen und Kinder etwa zwei Millionen Menschen aus Ägypten flüchteten. Das ist eine erhebliche Anzahl angesichts der Tatsache, dass Historiker die Gesamtbevölkerung des damaligen Ägypten auf drei bis vier Millionen schätzen, und definitiv nicht höher als sechs Millionen. Mose bat den Pharao nicht, eine kleine Volksgruppe freizugeben; er bat ihn um Erlaubnis, dass etwa ein Drittel der Bevölkerung mit ihm gehen dürfe!

Es war nicht die Frage *„Ist das Gott?"*, mit der der Pharao kämpfte. Er konnte Gottes Warnung *hören*. Es war die Versuchung, sie zu ignorieren, die ihn besiegte.

Schritt #2: Wir verhärten unser Herz.

Ehe Gott das Herz des Pharao verhärtete, verhärtete es der Pharao!

> *Der Pharao aber sah, dass es eine Erleichterung gab. Da verhärtete er sein Herz und hörte nicht auf sie, wie es der HERR gesagt hatte.*[135]

Das Wort, das hier für ‚verhärten' benutzt wird, kann auch ‚gefühllos' oder ‚Fettschicht' bedeuten. Das steht für die betäubende Wirkung der Sünde: wenn wir Gottes Herz verletzen und es uns keinen Schmerz mehr bereitet.

Je länger wir sündigen, umso weniger fühlen wir.

Oder anders gesagt:

> Je seltener wir uns verändern, umso wahrscheinlicher wird es, dass wir uns seltener verändern.

Schritt #3: Gott verhärtet unser Herz.

Wozu?

Sportler trainieren hart, um ihren Körper beweglich zu halten; wenn sie das nicht tun, können sie sich leicht etwas brechen. Gott zieht es vor, wenn unser Geist beweglich bleibt; doch ist er das nicht, bricht Er uns. Um das zu tun, muss Er zuerst unser Herz verhärten. Unser verhärtetes Herz lässt uns sehr schlechte Entscheidungen treffen, die oft darin münden, dass wir den Tiefpunkt der Verzweiflung erreichen. Aber oft ist es genau dieser Tiefpunkt, der dafür sorgt, dass wir endlich Buße tun. Doch selbst wenn nicht, dann werden wir zu einem Warnzeichen für jene, die uns andernfalls folgen würden.

So oder so: Gottes Weg wird verherrlicht.

> *„Aber ich werde das Herz des Pharaos hart machen, damit ich viele Zeichen und Wunder in Ägypten tun kann."*[136]

Das Wundervolle an diesem Muster in Gottes Reich: Egal, wo du im Leben stehst, du wirst eine weitere Gelegenheit finden, an Seinen nächsten Lebensabschnitt für dich anzuknüpfen. Dein Leben kann wieder aufwärts führen.

Das Wichtigste für Gott ist nicht, wo du im Leben stehst, sondern wohin du unterwegs bist.

Klingt das nicht spannend?

Gesprächsaufhänger

Sieh dir die folgenden Ereignisse in Moses Leben an. Überlege, an welcher Stelle in diesem Muster in Gottes Reich sich Mose zum jeweiligen Zeitpunkt befand und trage die jeweilige Nummer unten im Muster ein.

1. Mose tötet einen Ägypter und flieht nach Midian: 2. Mose 2, 12-15

2. Mose begegnet Gott in dem brennenden Busch: 2. Mose 3, 1-3

3. Mose trifft die Entscheidung, zum Pharao zu gehen: 2. Mose 4, 18

4. Mose erlaubt eine Diskussion: 4. Mose 13, 26

5. Mose teilt den Menschen mit, dass sie 40 Jahre lang nicht in das Land einziehen werden: 4. Mose 14, 34

6. Mose entehrt Gott: 4. Mose 27, 12-14

Welches Schlüsselprinzip kannst du in Moses ringförmiger Reise erkennen?

Teile dein Prinzip mit uns über Social Media: #MusterInGottesReich

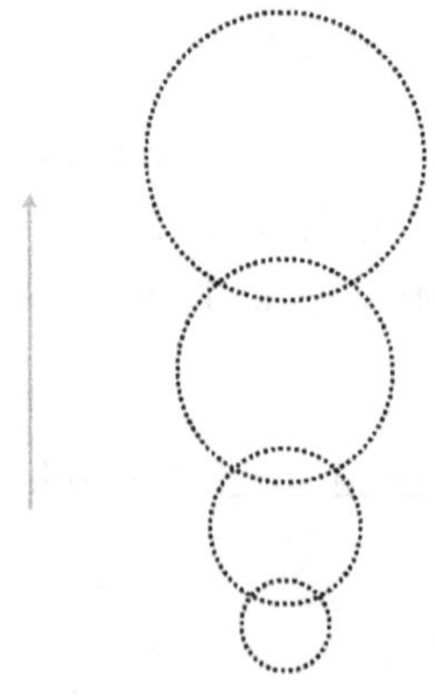

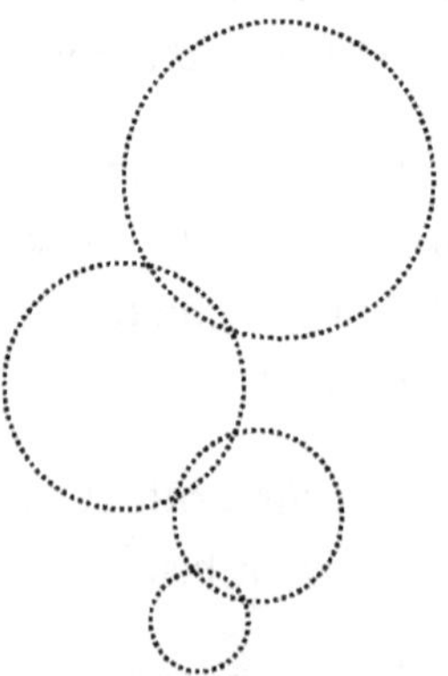

RINGE | Die Anwendungen

Anwendung #1: *Bereite dich heute auf die Gelegenheiten von morgen vor!*

Bereite dein Herz vor. Bereite dein Denken vor. Bereite deine Frage vor.

Gottes Plan für dein Leben ist es nicht, dich mit einer Möhre am Ende eines Stockes zu führen. Er bietet dir nur an, was du auch erreichen kannst. Denn Gott hat Dinge nicht vor dir, sondern für dich verborgen.

Als meine zwei Söhne in dem Alter waren, in dem sie sehr begeistert von Weihnachtsgeschenken waren, stellten sie meiner Frau immer wieder dieselben Fragen. „Kann ich das hier haben? Kann ich das da haben?"

Eines Tages bat mich mein ältester Sohn — nein, er flehte mich geradezu an, ihm ein ferngesteuertes Auto zu kaufen. Dabei wusste er nicht, dass unter dem Sofa in einem Meter Entfernung bereits eins versteckt war. Wir bewahrten es für den richtigen Zeitpunkt auf, nämlich wenn er die richtige Einstellung haben würde, um es zu bekommen. Am ersten Weihnachtstag würde er aufwachen, sein Dankgebet sprechen und dann aufgeregt das Geschenkpapier aufreißen und mit dem Auto spielen.

Es war nicht *vor ihm* verborgen, sondern *für ihn*.

Jede Vision, die Gott dir ins Herz gepflanzt hat, ist nicht nur dafür da, um dich zu motivieren. Sie ist für dich verborgen für den Moment, in dem du für sie bereit bist. Je eher du die Signaltöne wahrnimmst, umso eher veränderst du das, was verändert werden muss, und umso eher schaffst du den Absprung in einen neuen Lebensabschnitt.

Warum aber die Verzögerung?

Es mag verschiedene Gründe dafür geben. Ich habe jedoch einen allgemeinen Grundsatz gefunden.

Es hat viel mit der Erfüllung von Gottes Träumen zu tun, nicht nur von deinen. Das könnte sogar der Grund dafür sein, warum du dich gerade im Kreis drehst. Das Ziel aller Muster in Gottes Reich ist es, dass du die folgende Frage zu deiner Hauptfrage machst, um Gottes Führung zu finden: „Wie erziele ich die größte Wirkung für Gottes Reich?". Bis dahin kann es sein, dass dir Seine Führung verborgen bleibt: solange, bis sie mehr Gutes als Schlechtes hervorbringt und dir eine größere Vorstellung von Ihm gibt anstatt eine größere Vision von der Vision.

Einfach ausgedrückt:

> Gott wird dir nichts geben, was für dich zu einem *Gott* wird.

Code

Anwendung #2: *Höre auf das Hintergrundrauschen!*

Nimm es wahr. Höre hin. Stell dich darauf ein.

Unser Leben ist voller Klischees. Eine Definition von Klischee ist: etwas, das einst tiefgründig war, doch durch übermäßigen Gebrauch seine Wirksamkeit verloren hat.

In einer Geschichte ging ein Mann zu einem Bewerbungsgespräch als Morsecode-Schreiber. Als er das laute Büro seines voraussichtlichen

Arbeitgebers betrat, wurde er in ein Wartezimmer geführt, in dem bereits sechs andere nervöse Bewerber saßen. Abgesehen von der Tür, durch die er soeben hereingekommen war, gab es noch eine weitere. Sie trug ein Schild mit dem Wort ‚Abteilungsleiter'.

Die sieben Bewerber sprachen nicht miteinander, denn es war zu laut — lautes Geklirr der Telegrafen, laute Stimmen, klingelnde Telefone und andere miteinander wetteifernde Geräusche. Zum großen Erstaunen der anderen Männer stand der siebte Bewerber jedoch nach fünf Minuten auf, schritt mutig auf die Tür zu und trat in das Büro des Abteilungsleiters. Zwei Minuten später führte der leitende Angestellte ihn zurück ins Wartezimmer, und sagte allen, die dort geduldig gewartet hatten, mit freundlicher Stimme: „Vielen Dank, doch die Stelle wurde soeben an diesen Herrn hier vergeben."

Die übrigen sechs Bewerber waren erstaunt und verärgert. Sie äußerten ihre Entrüstung und begannen sogleich, sich zu beschweren, dass sie keine Chance auf ein Bewerbungsgespräch erhalten hätten. Doch dann hörten sie die folgende Antwort: „Ehrlich gesagt war unser Vorgehen so fair wie nur möglich. Die vergangenen fünf Minuten über haben wir eine Nachricht in Morsecode in den Raum gesendet. Darin hieß es, dass die Person die Stelle bekommt, die als erste in das Büro des Abteilungsleiters tritt."

Sie alle konnten die Nachricht hören, doch sie war für sie zum Hintergrundrauschen geworden.

Womöglich ist das, was du von Gott offenbart bekommen möchtest, genau das, was Er dir bereits für so lange Zeit gesagt hat. Vielleicht klingt es nur zu schlicht, weil du es schon so oft gehört hast. Die traurige Ironie dabei: Das, was Gott gebraucht, um uns zu Seinem Ziel zu führen, ist genau das, was uns auch dazu bewegen kann, es zu ignorieren — Wiederholung.

Was hast du so oft von Gott gehört, dass es für dich zum Hintergrundrauschen geworden ist?

Gremlins

Anwendung #3: *Sieh nicht über deine Schwächen hinweg!*

Erkenne sie. Schätze sie realistisch ein. Sei bereit, sie zu regulieren.

Es gibt viele Dinge, die dich liebenswert machen. Merkwürdigerweise gehören dazu auch deine Macken. Vielleicht bist du auf süße Art vergesslich. Womöglich lächeln die Menschen um dich herum, wenn du ein bisschen spät dran bist, eben weil das so sehr zu dir passt. Vielleicht bist du auch ein großer Verfechter dessen, dass alles ordnungsgemäß sein muss. Solche Eigenheiten können anziehend sein. Diese Woche hat mein Team zum Beispiel eine Reihe von Uhren an die Wand gehängt, die jeweils die Zeit eines Landes anzeigen, in dem Pais arbeitet. Dann haben sie Wetten darüber abgeschlossen, wann unser deutsches Teammitglied bemerken würde, dass die Sekundenzeiger nicht ganz synchron liefen — woraufhin er natürlich stundenlang versuchen würde, das zu korrigieren. Manchmal treiben seine Eigenheiten sie zum Wahnsinn, doch überwiegend lieben sie ihn ihretwegen.

In dem Achtzigerjahre-Film ‚Gremlins - Kleine Monster‘ wurde die Welt von einer großen Anzahl kleiner pelziger Lebewesen geplagt, die süß und liebenswert waren ... bis sie in Berührung mit Wasser kamen. Denn dann wurden sie auf einmal zu zerstörerischen, fleischfressenden Monstern.

Marcus Buckingham schreibt, dass unsere Schwächen genau so sind.[137]

Die Mängel, die dich zu der Person machen, die *du* bist, sind liebenswert ... bis sie mit deiner Berufung in Berührung kommen. Dann werden sie zu zerstörerischen, Vision fressenden Monstern und du musst dich mit ihnen auseinandersetzen. Wenn du das nicht tust, können die

Dinge, die deine Freunde an dir lieben, dazu führen, dass du Gottes nächsten Lebensabschnitt für dich verpasst.

Während du dich endlos im Kreis drehst, markiert einer der Signaltöne, die du hörst, womöglich eine deiner Schwächen. Ein Mangel, der in der Vergangenheit nie eine große Rolle gespielt hat, von dem Gott aber weiß, dass er dich vom Erfolg in einem neuen Abschnitt abhalten wird.

Einer der besten Leiter unserer Bewegung war früher der netteste Mensch auf Erden. Jeder kannte ihn als gütige, ermutigende Person, die allzu schnell vergab. Das Problem trat bei seiner neuen Rolle auf, die auch Bewerbungsgespräche umfasste. Sein Wohlwollen und sein Wunsch, jedem eine Chance zu geben, trieben fast mehr als nur ein Team in den Ruin. Er akzeptierte jene, die besser nie eine Position bei Pais bekommen hätten. Und das Team, in das sie kamen, durfte dann seinen Fehler ausbaden.

Das, was ihn als Person beliebt machte, machte ihn als Leiter zum Albtraum.

Doch er verdient Anerkennung, denn obwohl diese Eigenschaft tief in ihm drin feststeckte, hat er sich verändert. Als er wiederholt Probleme in den Teams sah, veranlasste es ihn dazu, Kontrolle über seine Naivität zu gewinnen. Er hat Pais in seinem Land in eine neue Zeit geführt und seither ist es stetig weiter gewachsen.

Leider hat Mose *seine* Schwächen jedoch nie ganz überwunden. Deshalb — und das ist das Tragische — zog er nie in das Gelobte Land ein.

> *Und Mose erhob seine Hand und schlug den Felsen mit dem Stab zweimal. Da kam viel Wasser heraus, sodass die Gemeinde trinken konnte und ihr Vieh. Der HERR aber sprach zu Mose und Aaron: Weil ihr nicht an mich geglaubt habt und mich nicht geheiligt habt vor den Israeliten, darum sollt ihr diese Gemeinde nicht ins Land bringen, das ich ihnen geben werde.*[138]

Warum Gott so zornig auf Mose war, konnte nie genau bestimmt werden. Doch viele sind sich darüber einig, dass Mose zornig auf die Israeliten war, als er es nicht hätte sein müssen. Sie baten ja nur um Wasser. Dieser Zorn kam von der Frustration über das, wozu Gott ihn berufen hatte, und über die Lage, in die es ihn gebracht hatte.

Hin und wieder veranlasste ihn diese Frustration dazu, zu den Israeliten zu sagen: *„Sollen wir euch Wasser bringen?"*, anstatt *„Soll Gott euch Wasser bringen?"*. Und obwohl Gott ihm befohlen hatte, zu dem Felsen zu *sprechen, schlug* er ihn stattdessen mit dem Stab. Dadurch lenkte er die Aufmerksamkeit auf sich selbst als ihren Erlöser anstatt auf Gott.

Genau dieser Mangel in Mose lässt uns seine menschliche Seite erkennen. Seine Schwächen ermöglichen es uns, uns mit jemandem zu identifizieren, der ohne sie übermenschlich erschiene. Durch seine Schwachstellen können wir uns mit seiner Geschichte verbinden. Doch diese Opfermentalität wirkte auch wie ein Anker und führte dazu, dass er seinen ultimativen Absprung verpasste.

Ich persönlich glaube, dass Gott Mose nicht nur als rückwirkende Bestrafung ausschloss, sondern als vorausschauenden Schutz vor dem Schaden, den Moses Frustration im Gelobten Land womöglich ange-richtet hätte.

Niemand ist vollkommen und es kann sein, dass du in Bezug auf deine Schwachstellen niemals erstklassig sein wirst. Und doch betont dieses Muster in Gottes Reich unsere Mängel und gibt uns eine Gelegenheit, an ihnen zu arbeiten. Wenn wir erkennen, an welchem Punkt in die-sem Muster wir uns befinden, kann uns das so weit bringen, dass sie keine Gefahr mehr darstellen. Wenn wir sie in den Griff bekommen, macht uns das nicht wertvoller in Gottes Augen, doch das ermöglicht es Ihm, uns strategischer einzusetzen.

Sieh also nicht über deine Schwächen hinweg, selbst wenn deine Freunde es tun.

Hype

Anwendung #4: *Lehne den Hype nicht ab!*

Gebrauche ihn. Missbrauche ihn nicht. Und verwechsle ihn nicht mit falschen Versprechungen.

Es gibt den richtigen Zeitpunkt für deinen Absprung. Verpasse ihn und jemand anderes schafft ihn stattdessen.

Gott hat Sein Wort bei den Juden ausgesät, doch dessen reicher Segen wurde von den Nichtjuden geerntet. Gott hat den Nachfolgern Mose das Gelobte Land versprochen, doch es waren die Nachfolger Josuas, die darin einzogen.

> *Und sie erzählten ihnen und sprachen: Wir sind in das Land gekommen, in das ihr uns sandtet; und wahrlich, Milch und Honig fließen darin, und dies sind seine Früchte [...] Kaleb aber brachte das Volk vor Mose zum Schweigen und sprach: Lasst uns hinaufziehen und das Land einnehmen, denn wir können es überwältigen.*[139]

Kaleb war voller Leidenschaft und wenn ich diesen Vers lese, stelle ich mir vor, wie er Gottes Anliegen mit jeder charismatischen Zelle seines Körpers vertritt. Zugleich bin ich mir sicher, dass Kalebs Enthusiasmus als reiner Hype angesehen wurde.

Josua aber glaubte ihm.

Zwei der Spione lieferten einen guten Bericht. Doch eine negative Einstellung kann sich leicht als Weisheit verkleiden und eine positive Einstellung leider wie törichter Hype erscheinen. Daher lehnen wir Hype ab, weil er einen negativen Beigeschmack hat. Er gibt uns das Gefühl, dass etwas besser dargestellt wird, als es tatsächlich ist, etwas, das zu gut scheint, um wahr zu sein. Doch das ist nicht, was Hype bedeutet. Hype hat einen Zweck. Seine Bestimmung ist es, zu animieren, zu beleben und Wachstum auszulösen.

Warum ermutigt uns Gott, Ihn mit Musik anzubeten? Weil die Dynamik der Anbetung uns belebt. In dieser Hinsicht ist Musik ein Werkzeug, das Hype erzeugt. Es gibt einen Grund, warum sie am Ende einer Predigt gespielt wird oder während des Höhepunktes eines Films. Sie übertrumpft unsere Zweifel und Ängste.

Hype erzeugt einen Wendepunkt.

Er bringt uns dazu, ein Versprechen zu geben, das wir bei nüchterner Betrachtung vielleicht nie gegeben hätten. Er bringt Wachstum hervor und belebt und animiert unseren Glauben dazu, ein Opfer zu bringen oder uns dort zu verändern, wo es notwendig ist. Hype gibt es in vielen Formen — ein leidenschaftlicher Prediger, ein überzeugender Leiter, ein gottgewolltes Treffen mit Gänsehaut-Effekt, ein atemberaubender Gott-Moment und viele mehr. Wenn Hype sich mit den wiederholten Signaltönen zusammentut, kann er dich aufwärts führen.

Wir sollten den Hype seine Arbeit tun lassen! Wir sollten die Gelegenheit wahrnehmen, wenn sie sich ergibt. Wir sollten ihr erlauben, uns weiter zu treiben, als wir je gegangen sind. Ergreifen wir die von Gott gegebene Gelegenheit dann, wenn Er sie gibt. Es reicht nicht, einfach nur anzuerkennen, dass wir eine Gelegenheit vor uns haben — denn sie wird sich uns wohl nicht für immer bieten.

Kennst du dieses Rätsel? Drei Frösche sitzen auf einem Seerosenblatt. *Zwei* entschieden sich dazu, herunterzuspringen. Wie viele Frösche blieben auf dem Seerosenblatt?

Drei.

Zwei *entschieden* sich lediglich dazu, herunterzuspringen.

Gesprächsaufhänger

Anwendung #1: *Bereite dich heute auf die Gelegenheiten von morgen vor!*

Anwendung #2: *Höre auf das Hintergrundrauschen!*

Anwendung #3: *Sieh nicht über deine Schwächen hinweg!*

Anwendung #4: *Lehne den Hype nicht ab!*

1. Welche dieser Anwendungen trifft an diesem Punkt deiner Reise am ehesten auf dich zu?

2. Was ist der nächste praktische Schritt, den du gehen kannst?

3. Welche Fragen hast du noch?

4. Welchen Ratschlag habe ich nicht erwähnt, den du jemandem geben würdest, der in diesem Muster unterwegs ist?

5. Teile deinen Ratschlag und deine Fragen mit uns über Social Media: #MusterInGottesReich

5

GRABEN

GRABEN | Das Muster

Bestätigung ist grabenförmig.

Eine Sache, die uns daran hindert, Gottes Führung zu erkennen, ist, dass wir Bestätigung von anderen Menschen suchen.

Das ist natürlich grundsätzlich nicht falsch. Ob wir tatsächlich im Ermutigen, Kommunizieren, Heilen und so weiter begabt sind, spiegelt sich in unserer Wirkung auf andere wider. Wenn ich denke, ich sei ein Pastor, aber es hat keiner das Gefühl, dass ich mich um ihn kümmere, dann ist es unwahrscheinlich, dass ich ein Pastor bin.

Das Problem entsteht allerdings dann, wenn wir in den Dingen nach Bestätigung suchen, die andere Menschen uns geben können: *Status*, *Hilfsmittel*, *Finanzen* und *Titel*. Häufig ist das die Art der Bestätigung, nach der wir uns sehnen und durch die wir uns bekräftigt fühlen. Doch diese Werkzeuge geben uns falsche Hinweise bei unserer Suche nach Gottes Führung.

Vor vielen Jahren kam ein entscheidendes Langzeitmitglied von Pais auf mich zu und fragte mich, ob wir sie nicht mehr als ‚Pais-Arbeiter‘ sondern als ‚Mitarbeiter‘ bezeichnen könnten. Sie wurde allem Anschein nach von einem Pfarrer wegen ihres Titels aufgezogen. Andere hatten mit ihrem Bedürfnis nach Anerkennung zu kämpfen

– nicht etwa, weil wir so wenig Geld bekamen, sondern weil unser niedriges Einkommen unsere Arbeit in den Augen unserer Freunde und Familie weniger wertvoll erscheinen ließ. Es geschieht etwas Gefährliches, wenn unser Bedürfnis nach der Anerkennung anderer unsere Entscheidung für Gottes Weg zu sehr beeinflusst. Wir ersetzen die Frage „Herr, wie erziele ich die größte *Wirkung* für Dein Reich?", durch die Frage „Freunde, wie finde ich die größte *Anerkennung* im Dienst für Sein Reich?".

In meinem ersten Buch habe ich davon erzählt, wie ein älterer Christ mir mehr Achtung dafür schenkte, dass ich Pastor einer kleinen Kirche von neunzehn Mitgliedern war, als dafür, dass ich Leiter einer Bewegung war, die Zehntausende von Schülern erreichte. Wenn so etwas passiert, werden unsere Motive auf die Probe gestellt. Tatsächlich gab es mehrere Zeitpunkte in meinem Leben, in denen Gott es mir absichtlich schwer zu machen schien, Ihm zu dienen. Vielleicht ist es Teil eines Läuterungsprozesses. Könnte es sein, dass Er meine Arbeit gar nicht erschwert, sondern vielmehr meine Motive geläutert hat?

Das läge nahe, denn Gott hat genau dafür ein Muster!

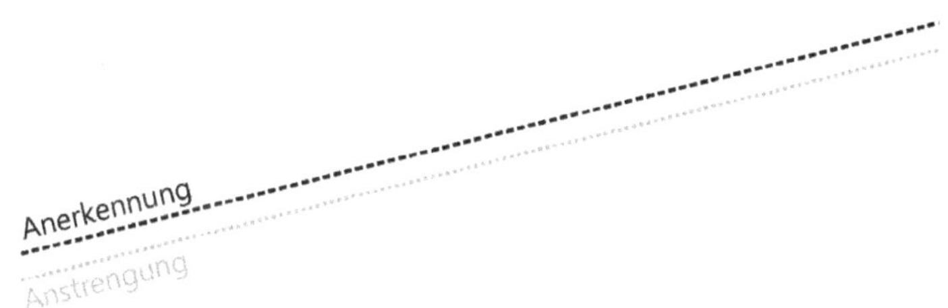

Es würde doch eigentlich Sinn ergeben, wenn unsere Anstrengungen mit der Anerkennung, die wir dafür erhalten, gleichauf stünden, oder nicht? Umso härter wir arbeiten, umso größer sollte unser Einfluss sein, und je größer unser Einfluss ist, desto größer sollte die Anerkennung sein, die wir erhalten. Diese Faktoren sollten doch sicherlich zueinander parallel verlaufen, oder?

Stattdessen kann es sein, dass das Muster, das wir wiederholt sehen, ganz anders aussieht. Denn ein entscheidender Faktor für den Zusammenhang zwischen Anstrengung und Anerkennung ist die Zeit.

Vereinfacht gesagt besteht dieses Muster aus drei Teilen.

Midgleys

Zu Beginn werden Dinge *für dich* getan.

In dieser ersten Phase findest du Anerkennung, weil du dich dadurch auszeichnest, dass du eine Leidenschaft für etwas hast, die andere nicht haben. Andere Menschen freuen sich für dich und unterstützen dich. Womöglich stehst du sogar für einige Zeit im Rampenlicht. Es wird nicht viel danach gefragt, was du tust und wie du es tust. Die Menschen sind einfach froh darüber, dass jemand etwas tut!

Zu diesem Zeitpunkt spürst du wahrscheinlich deutlich ‚Gottes Hand auf deinem Leben': Andere Menschen feiern und ermutigen dich und segnen dich sogar mit praktischer Hilfe. Die Umstände deuten darauf hin, dass du immer dann auf dem richtigen Weg bist, wenn andere dir Beifall und Mittel spenden, weil du vorwärtsgehst.

Indessen ist die Anerkennung, die du bekommst, in Wirklichkeit unverhältnismäßig zu dem Erfolg, den du erzielst.

Für dich

Anstrengung

Wenn wir so frühzeitig Hilfsmittel erhalten, verleitet uns das zu dem Glauben, dass unsere eigenen Anstrengungen eine größere Wirkung erzielen, als sie es tatsächlich tun.

Wenn Freiwillige Pais Project beitreten, haben sie sich noch nicht das Recht verdient, öffentlich in den Schulen zu sprechen, zu denen sie gehen. Sie haben kein dreijähriges Lehramtsstudium hinter sich, sondern stützen sich auf den guten Ruf von Pais. Dieses Prinzip trifft auch auf unsere Freiwilligen bei Pais Venture und Pais Collective zu, die mit Unternehmen beziehungsweise Gemeinden zusammenarbeiten. Der anfängliche Erfolg, den sie verzeichnen, beruht zum Teil auf den Materialien, der Infrastruktur, dem Training und dem Unterhalt, der ihnen zur Verfügung gestellt wird. Es ist genauso wie bei einem Saatkorn: Um ihm am Anfang zu helfen, pflanzt der Gärtner ihn zumeist in eine Umwelt, die künstlich förderliche Bedingungen herstellt, wie etwa ein Gewächshaus. Der Werbeagentur-Unternehmer William Bernbach hat es einmal so ausgedrückt:

> Damit eine Blume aufblühen kann, kommt es sowohl auf den richtigen Boden als auch auf den richtigen Samen an.[140]

Diese Umwelt beschleunigt allerdings nicht nur das Wachstum des Saatkorns, sie beschützt es auch vor den rauen Bedingungen der Realität. Erst dann, wenn das Saatkorn in eine normale Umwelt verpflanzt wird, wird seine wahre Beschaffenheit sichtbar.

Um ehrlich zu sein, denke ich, dass die Mehrzahl unserer Freiwilligen das versteht; jemand außerhalb der Organisation versteht das jedoch vielleicht nicht. Das wird deutlich, wenn eine Gemeinde einen Pais-Freiwilligen einstellt, aber nicht die gleiche Infrastruktur bereitstellt. Bernbach äußert sich dazu wie folgt:

> Ich finde es immer unterhaltsam, wenn andere Agenturen versuchen, meine Mitarbeiter einzustellen [und dabei dieselben

Resultate erzielen wollen]. Sie müssten das ganze Arbeitsumfeld ‚anstellen'.

In diesem ersten Teil des Musters stammt unser Erfolg also nicht von uns selbst. Er wird uns bereitgestellt.

Als ich zum ersten Mal meiner Berufung folgte, Schüler zu erreichen, war es nicht ich, der das größte Opfer brachte. Es waren andere. Mein Pastor verzichtete auf einen Teil seines Lohns, damit die Gemeinde mir ein kleines Gehalt zahlen konnte. Die Schulen waren offen für den Dienst, den wir anboten, doch der Boden war von Gemeinden bereitet worden, die ihnen jahrelang kostenlos Bücher für ihre Bibliotheken gegeben hatten. Obwohl es Lynn und mich einiges kostete, die Ausbildung bei uns kostenlos anzubieten, besserte ein christlicher Geschäftsmann unsere Einkünfte auf, sodass wir uns einen Sommerurlaub leisten konnten.

Und dann gab es diejenigen, die die ‚Extra-Meile' gegangen sind.

Pete und Helen Midgley waren ein junges Ehepaar, die mich in den frühen Neunziger Jahren finanziell in meiner Arbeit unterstützten. Tatsächlich waren sie so sehr engagiert, dass Helen einen zweiten Job annahm, um mehr Geld für die Familie zu verdienen, sodass sie mich in stärkerem Maße finanzieren konnten! Sie kümmerten sich um mich und die Vision, der ich folgte.

Doch wie ich schon im ersten Buch dieser Trilogie gesagt habe: Manche Menschen glauben vielleicht an dich, doch nicht unbedingt an die *Vision*.

Und genau da liegt das Problem und der Grund für die unvermeidbare Reise in ‚den Graben'.

Zwickmühle

In der zweiten Phase dieses Musters werden Dinge *von dir* getan.

Eines Tages wirst du innehalten und erkennen, dass du ‚Schnee von gestern' bist. Du stehst nicht mehr im Rampenlicht, bist nicht mehr die neue Sensation oder das nächste große Ding. Auf einmal zieht deine Reise nicht mehr so viel Aufmerksamkeit auf sich, wie es früher der Fall war. Du wirst nicht mehr beachtet. Andere verstehen vielleicht nicht genau, was du tust oder warum du es auf deine Weise tust. Du bewegst dich tiefer in den Plan hinein, den Gott dir gegeben hat. Die Mittel und vor allem die Anerkennung folgen dabei nicht unbedingt so, wie du es erwarten würdest. Im Grunde genommen gehst du in den Untergrund.

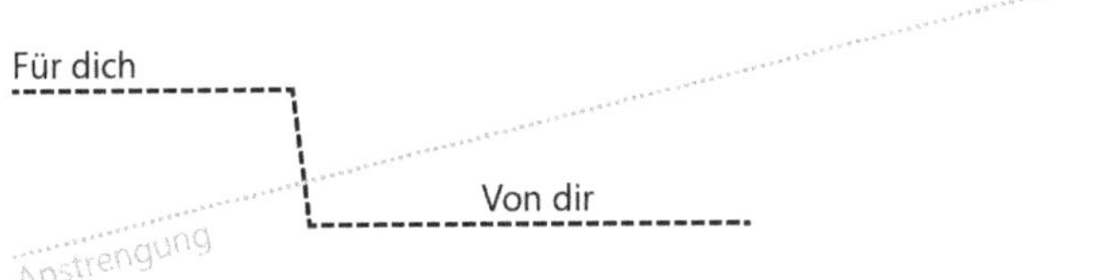

Während deine Träume an Fahrt gewinnen, erfordern sie mehr Zeit, Energie, Geld und so weiter. Die Anerkennung anderer aber wächst wahrscheinlich nicht im gleichen Tempo. Leider bringt das manche von uns auf den Gedanken, dass Gott nicht mehr am Werk sei.

Und genau das ist das Problem, wenn Bestätigung aus einer künstlichen Quelle stammt.

Aus meiner Sicht befindet sich Pais Movement in dem Graben und wird daher nicht als das erkannt, was es tatsächlich ist. Wir erreichen so viele Menschen zu so niedrigen Kosten in einer so prägenden Zeit in ihrem Leben. Und doch sind es viel weniger Menschen als erwartet, die sich uns anschließen oder uns unterstützen. Ich bin mir sicher, dass du das auch einmal erleben wirst. Du wirst die Wahl haben: Wirst du das tun, was die größte Wirkung erzielt, oder das, was gemeinhin akzeptiert ist?

Dies ist ein gewöhnliches Muster für alle, die Gottes Führung folgen. Er gebraucht diesen Prozess, um deine Motivation zu läutern, mit der du Seinen Träumen folgst. Ich selbst habe es schon mehrere Male erlebt und deshalb bin ich nicht länger enttäuscht, wenn es wieder geschieht.

Ich muss allerdings etwas gestehen: Ich hatte früher ein *geheimes Gedankenspiel.*

Jahrelang lag ich nachts wach und inszenierte in meiner Vorstellung einen peinlichen Traum. Und zwar träumte ich davon, dass – ganz ohne mein Zutun – Pais einging! Der britische Premierminister entwarf ein Gesetz, das unsere Arbeit verbot. Daraufhin wandte ich mich an die Menschen um mich herum und sagte: „Leider müssen wir aufhören. Ich würde wirklich gern weitermachen, aber was will man tun?" Und mit einem Achselzucken ging ich fort.

Dieses geheime Gedankenspiel war das Resultat der schweren Last, die ich während meiner frühen Jahre mit Pais mit mir herumtrug. Denn wenn ich die Bibel richtig verstand, würden einige junge Menschen ohne unsere Arbeit die Ewigkeit ohne Gott verbringen! Und zugleich war mir klar: Sollte ich aufgeben, so wäre die Bedeutung unserer Arbeit noch nicht so sehr erkannt worden, dass ein anderer sie übernehmen würde. Wie tragisch das ist! Du verlässt das Schiff und mit dir sinken dein Einfluss und die Hilfe und Inspiration, die du anderen gegeben hast. Wir bekamen nur wenig finanzielle Unterstützung und Fördermöglichkeiten und ich war voller Selbstmitleid. In alledem stellte ich mir immer wieder die Frage: Warum tun wir diese Arbeit?

Jener Lebensabschnitt dauerte einige Jahre an, doch jetzt gehört er der Vergangenheit an. Ich halte an diesem Gedankenspiel nicht mehr fest, denn ich habe etwas begriffen, das mich ironischerweise bestärkt:

Der Graben ist eine *Zwickmühle.*

Wenn du Gottes Führung in deinem Leben folgst, indem du Gott und dir selbst regelmäßig die Frage stellst „Wie erziele ich die größte Wirkung für Gottes Reich?", dann findest du dich selbst vielleicht in einer ähnlichen Lage wieder: Du hast dich einem Weg verschrieben, von dem du dich zugleich eingeschränkt fühlst. Es mag Zeiten geben, in denen du einfach ‚raus willst'. Doch die Tatsache, dass niemand anders deine Arbeit übernehmen würde, zwingt dich dazu, weiterzumachen.

In dieser Zeit baut Gottes *Typos* dein Bedürfnis nach persönlicher Anerkennung immer weiter ab. Das Ziel dieses Musters ist es, die Gewohnheit zu zerschlagen, die dich nach der Bestätigung anderer Ausschau halten lässt. An ihrer Stelle prägt es einen neuen Pfad: das Verlangen, einfach das zu tun, was Gott sich für dich wünscht.

Der Graben ist eine Zwickmühle, aber er ist auch ein Hilfsmittel.

Ikonen

In der dritten Phase dieses Musters werden Dinge *deinetwegen* getan.

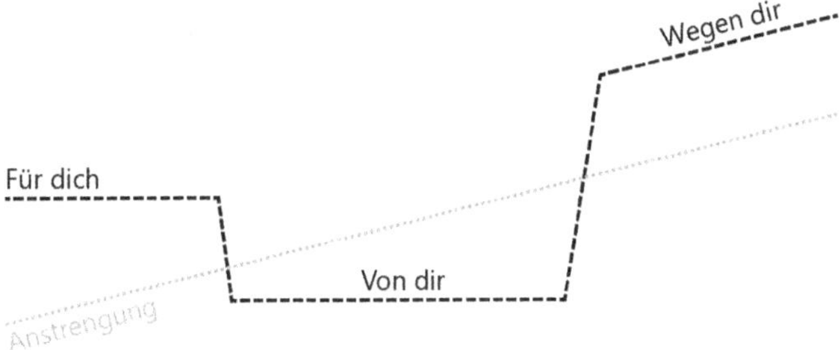

Wenn du so lange an einer Sache dranbleibst, dass andere Menschen dich vergessen, passiert etwas Wundersames. Denn wenn sie sich schließlich an dich erinnern, ist das, was du tust, fast schon legendär geworden.

Mir ist das zuerst bei Popstars aufgefallen.

Als ich jünger war, waren ABBA, Johnny Cash, Tom Jones und einige weitere Musiker anfänglich berühmt, kamen dann aber schnell aus der Mode. Sie gerieten in Vergessenheit: Ihre Musik war zwar noch bekannt, aber sie war – mit Ausnahme ihrer treuesten Fans – bei niemandem mehr beliebt. Jahre später jedoch wurden sie schlagartig zu ,lebenden Legenden'. Egal, wie sehr sich ihr jeweiliger Musikstil auch von der aktuellen Szene unterschied, die Menschen sahen sie als Superstars. Sie wurden zu Ikonen.

Egal, ob es gewürdigt wird, oder nicht: Wenn du an einer Sache dranbleibst, formt es innerlich deinen *Charakter* und nach außen hin deine *Ausstrahlung*.

In dieser Phase wird deine Arbeit effektiver.

Tatsächlich erzielt deine persönliche Arbeit eine viel größere Wirkung, als sie eigentlich sollte! Andere erkennen, wie sehr du dich bemühst, denn du hast es unter Beweis gestellt. Nicht durch deine Hingabe zum Erfolg, sondern deine Hingabe im Graben. Der Graben belegt, dass du wirklich an das glaubst, was du gesagt hast. Die Menschen wissen: Wenn sie in dich investieren, an dich glauben, sich mit dir zusammentun (oder dich heiraten), dann wirst du nicht aufgeben, wenn es hart auf hart kommt. Denn du hast auch damals nicht aufgegeben. Deshalb schenken die Menschen nicht nur dem Anerkennung, was du tust, sie unterstützen dich auch in viel stärkerem Maße, weil sie sehen, was du durchlebt hast.

Das Ergebnis ist, dass du eine viel größere Wirkung erzielst als je zuvor.

Deine Worte haben mehr Kraft, als sie es zuvor gehabt hätten, deine Anfragen mehr Gewicht, als sie eigentlich sollten, und deine Vorträge ein höheres Ansehen, als es früher möglich war.

Ich glaube, dass Pais eines Tages aus dem Graben herauskommen wird. Ich freue mich schon darauf, denn das bedeutet, dass wir viele andere zu ähnlichen und noch größeren Dingen inspirieren werden. Unsere Wirksamkeit wird sich vervielfachen.

Deine Reise durch den Graben hat noch einen weiteren Vorteil: Sie zeigt anderen, dass sie es auch durch ihren hindurch schaffen. Sie gibt ihnen Hoffnung. Sie wollen da sein, wo du bist, und jetzt wissen sie, was dafür nötig ist. Schließlich ist es nicht *dein* eigener Mut, der dich zum Helden macht, sondern der Mut, den du *anderen* gibst.

Erinnert dich das an jemanden?

Gesprächsaufhänger

1. Markiere mit einem Kreis, an welchem Punkt in diesem Muster in Gottes Reich du dich befindest.

2. Warum siehst du dich dort? Schreibe es auf.

3. Wärest du gerne an einer anderen Stelle? Wenn ja, markiere die Stelle mit einem ‚X'.

4. Erkennst du noch ein weiteres Prinzip in diesem Muster, das nicht in diesem Buch erwähnt wird?

5. Teile deine Gedanken mit uns über Social Media: #MusterInGottesReich

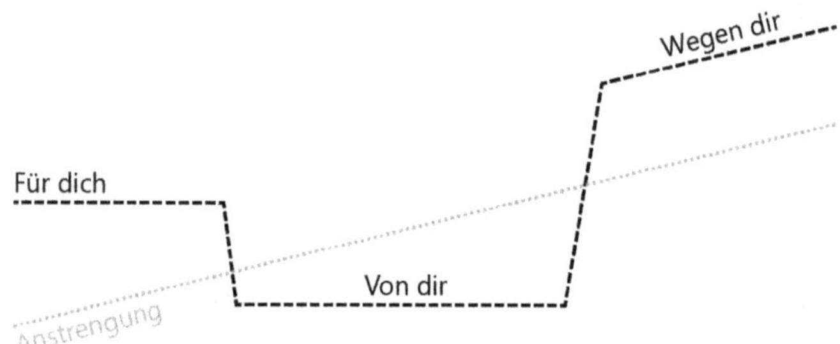

GRABEN | Der Pilger

Nehemia

Es gab einmal einen Mann, der anderen Menschen den Mut dazu verlieh, im feindlichen Gebiet einen Graben zu ziehen.

Doch nicht nur das; seine Pilgerreise ließ die Furcht Gottes auf seine Gegner kommen und seine Geschichte ist so inspirierend, dass sie auch noch mehrere tausend Jahre später Menschen anspornt. Doch alles begann mit einer schlechten Nachricht:

> *Da bekam ich Besuch von Hanani, einem meiner Brüder, und einigen Männern aus Juda. Ich erkundigte mich nach den Juden, welche die Gefangenschaft überlebt hatten, und fragte nach Jerusalem. Sie antworteten mir: „Die Leute, die in die Provinz Juda zurückgekehrt sind, leben in großer Not und Bedrängnis. Die Stadtmauer von Jerusalem liegt noch in Trümmern und die Stadttore sind verbrannt." Als ich das hörte, setzte ich mich nieder und weinte. Tagelang trauerte ich, fastete und betete zu dem Gott des Himmels.*[141]

Dieser Bericht tat Nehemia wirklich weh. Er war nicht nur verärgert oder enttäuscht darüber. Es lag wie eine spürbare Last auf ihm.

> *Solange du etwas tolerieren kannst, kannst du es nicht verändern.*[142]

Andere, die sogar in Jerusalem lebten, konnten die Lage dort tolerieren. Nehemia konnte das nicht — also musste er etwas verändern! Doch dafür war mehr nötig als ein Nervenzusammenbruch oder ein Wutanfall auf sozialen Netzwerken. Er musste etwas unternehmen, das andere wahrscheinlich als verrückt oder sinnlos abtun würden. Er musste nach Jerusalem zurückkehren und inmitten einer feindlichen Umgebung eine Mauer wiederaufbauen.

Zuerst musste er jedoch jemanden dazu bewegen, etwas *für ihn* zu tun.

Kanarienvogel

Glücklicherweise war Nehemia der Kanarienvogel des Königs.

Kanarienvögel sind kleine gelbe Vögel aus Afrika. Früher wurden sie von Bergarbeitern als Frühwarnsysteme vor giftigen Gasen verwendet: Lag Kohlenmonoxid in der Luft, starben zuerst die Kanarienvögel. Auf ähnliche Weise bestand eine von Nehemias Aufgaben darin, den Wein für seinen Herrn im Voraus zu probieren, um einen eventuellen Mordanschlag zu verhindern. Das bedeutete, dass er jeden Tag in der Gegenwart des Königs verbrachte. Seine Rolle erforderte außerdem einen aufrichtigen Charakter und, laut Historikern, ein sonniges Gemüt. All das sorgte dafür, dass Nehemia wahrgenommen wurde.

> *Im Monat Nisan des zwanzigsten Jahres des Königs Artaxerxes, als Wein vor ihm stand, nahm ich den Wein und gab ihn dem König. Und ich hatte zuvor nie traurig ausgesehen. Da sprach der König zu mir: Warum siehst du so traurig drein? Du bist doch nicht krank? Das ist's nicht, sondern dich bedrückt etwas.*[143]

Es war Nehemias Leidenschaft, die Aufmerksamkeit erregte. Er wollte die Erlaubnis für etwas, das Artaxerxes den Juden zuvor untersagt und um das ihn daher seither niemand mehr gebeten hatte![144]

Ich erschrak zutiefst und erwiderte dem König: „Lang lebe der König! Aber warum sollte ich nicht traurig sein? Die Stadt, in der meine Vorfahren begraben sind, liegt in Trümmern und ihre Tore wurden verbrannt." Da fragte mich der König: „Was erbittest du von mir?" Ich flehte zu dem Gott des Himmels und antwortete: „Wenn es Ihrer Majestät gefällt und wenn Sie an mir, Ihrem Diener, Gefallen gefunden haben, dann bitte ich Sie, mich nach Juda zu schicken, um die Stadt, in der meine Vorfahren begraben liegen, wieder aufzubauen." [...] Und weil die gütige Hand meines Gottes über mir war, gewährte mir der König meine Bitte.[145]

Der König gewährte Nehemia seine Bitte, doch was er als Nächstes tat, war unglaublich!

Als ich zu den Statthaltern westlich des Euphrat kam, übergab ich ihnen die Briefe des Königs. Der König hatte Offiziere und Reiter mit mir geschickt.[146]

Als Gottes Diener nach Jerusalem zurückkehrte, tat er das nicht als unbedeutender Wein-Vorkoster, sondern als ein Mensch mit Vollmacht. Ihm wurde Vollmacht gegeben, die seine Arbeit viel wirkungsvoller machen würde, als sie normalerweise gewesen wäre.

Nehemias Anfangserfolg wurde *für ihn* bereitgestellt.

Ansehen

Sein Triumph hielt jedoch nicht sehr lange an.

Als Sanballat hörte, dass wir die Mauer aufbauten, wurde er zornig und ärgerte sich sehr. Er spottete über die Juden und sagte vor seinen Brüdern und dem Heer von Samarien: Was machen diese elenden Juden da? Wollen sie Jerusalem wieder für sich befestigen? Wollen sie Opfer darbringen? Wollen sie es an einem Tag vollenden? Können sie die Steine, die doch ausgeglüht sind,

> *aus den Schutthaufen zu neuem Leben aufrichten? Und Tobija*
> *von Ammon, der neben ihm stand, sagte: Lasst sie nur bauen!*
> *Springt ein Fuchs hinauf, dann reißt er ihre Steinmauer nieder.*[147]

Sanballat war der Statthalter Samariens und Tobija Teil einer namhaften jüdischen Adelsfamilie. Sie waren keine nervigen Kritiker, die in der letzten Reihe saßen und keinen Einfluss hatten; sie hatten Gewicht. Um Nehemia zu bekämpfen und ihre eigenen Interessen zu wahren, setzten sie ihre Macht ein, um die Menschen von zwei Dingen zu überzeugen: dass Nehemias Unterfangen aussichtslos war und dass er Hintergedanken dabei hegte.

Die Meinung von angesehenen Personen kann so manchen von uns dazu bringen, sogar das aufzugeben, dessen wir uns sicher sind. Doch obwohl Nehemia nicht die Anerkennung und Bewunderung bedeutender Menschen bekam, tat er weiterhin das Richtige – und zwar schlichtweg, weil es das Richtige war.

Und indem er das tat, betrat Nehemia einen Graben.

Zuerst deuteten seine Gegner in einem öffentlichen Brief an, Nehemia ließe sich selbst zum König krönen, sobald die Mauer fertig gestellt würde.[148] Dann wurde ein Mann dafür bezahlt, Nehemia durch ein Gerücht dazu zu bringen, sich in einem bestimmten Teil des Tempels zu verstecken. Jenen Teil durfte er als Laie nicht betreten und hätte er es doch getan, wäre er als Sünder betrachtet worden. Und schließlich tauchten falsche Propheten auf und behaupteten, Gott sei gegen ihn. All das hatte zum Ziel, seine Glaubwürdigkeit zu untergraben, wie auch die Glaubwürdigkeit dessen, was er tat.

Doch Nehemias unverblümte und direkte Antwort an seine Kritiker bringt mich zum Lächeln:

> *„Was du schreibst, ist völlig aus der Luft gegriffen. Das hast du*
> *alles frei erfunden."*[149]

Nehemia kannte die Wahrheit und ging seinen Weg weiter. Er hatte etwas Wichtiges verstanden, das Jesus später folgendermaßen ausdrückte:

Niemand, der seine Hand an den Pflug legt und zurückblickt, ist tauglich für das Reich Gottes![150]

Denn schließlich ist der Graben eine Zwickmühle und die einzige andere Option war es, aufzugeben.

Allerdings war das für Nehemia keine Option!

Er wusste: Sollte die Mauer weiterhin in Trümmern liegen, so galt das in gewissem Maße auch für Gottes Ansehen. Daher musste Nehemia nicht nur Jerusalems Stadtmauer wiederherstellen, sondern auch das Wesen der Stadt. Nichtgläubige aus aller Welt beobachteten die Kinder Gottes aufmerksam und Nehemia war sich dessen vollauf bewusst. Die ‚Adeligen' kümmerte das jedoch nicht; sie waren nur auf ihren eigenen Vorteil bedacht. Während die Verbannten zurückkehrten und Geld brauchten, um Gottes Werk zu vollbringen, liehen die Adeligen ihnen Geld, um sie auszunutzen. Und so nahmen einige der jüdischen Führungspersonen den Juden ihr Land und versklavten ihre Töchter, wenn sie ihre Schulden nicht bezahlen konnten.

Während er im Graben war, hatte Nehemia jene Juden aus der Sklaverei freigekauft und sie versorgt. Er stellte die Adeligen zur Rede und wies sie in ihren Taten zurecht. Er hatte verschiedene Gründe dafür, doch ein Grund wird ausdrücklich im Text genannt:

Da fuhr ich fort: „Was ihr tut, ist nicht gut! Solltet ihr nicht in Ehrfurcht vor Gott leben, um zu verhindern, dass wir unseren Feinden zum Gespött werden?"[151]

Wenn du jemanden wütend machen willst, der Jesus liebt, dann tu etwas, um Gott zu blamieren.

Erinnerst du dich daran, wie David reagierte, als er Goliath reden hörte, oder Jesus, als er die Geldwechsler im Tempel sah? Wie alle großen Leitfiguren in der Bibel war auch Nehemia wutentbrannt über all das, was Gottes Ansehen bei den Nichtgläubigen schadete. Auf seiner Pilgerreise hatte Nehemia zugelassen, dass Gottes Traum zu seinem eigenen wurde. Der Beweis dafür war, dass er sich mehr um das Ansehen seines Herrn sorgte, als um sein eigenes.

Vielleicht ist das das Zeichen, an dem wir erkennen können, ob Gottes *Typos* in unserem Leben am Werk ist:

Ist uns Gottes guter Name wichtiger als unser eigener?

Nehemia stand alleine dar in seiner Rechtschaffenheit, denn er stand alleine dar mit seiner *Überzeugung* dafür, was getan werden musste. Doch er beschwerte sich nicht, noch deutete er den Mangel an Unterstützung als ‚von Gott verschlossene Tür'. Stattdessen hielt er an seinen Grundsätzen fest – und zwar so stark, dass der Historiker Josephus über ihn schrieb:

In der Nacht patrouillierte Nehemia selbst um die Stadt herum. Er wurde nicht müde in seiner Arbeit, noch in seinem Mangel an Nahrung und Schlaf, welche er nicht zum Genuss, sondern aus reiner Notwendigkeit zu sich nahm.[152]

Das Überraschendste an Nehemias Geschichte liegt jedoch an anderer Stelle.

Verborgen

Im elften Kapitel im Buch Nehemia erfahren wir eine schockierende Tatsache.

Interessant ist, was geschah, *nachdem* die Mauer wieder aufgebaut war:

Die Führer des Volkes wohnten schon in Jerusalem. Aus der übrigen Bevölkerung wurde jede zehnte Familie durch das Los dazu bestimmt, ebenfalls in Jerusalem, der heiligen Stadt, zu wohnen. Die anderen Familien konnten in ihren Ortschaften bleiben.[153]

Als das Volk die Mauer wieder aufgebaut hatte, wollte niemand dort leben!

Tatsächlich lobten die Menschen alle, die freiwillig nach Jerusalem zogen; die überwiegende Mehrheit weigerte sich, vor allem aus wirtschaftlichen Gründen.[154] Kannst du dir vorstellen, wie es sein muss, wenn sogar die Menschen, die dir helfen, nicht vollauf in deiner Vision leben wollen?

Nehemia ist bekannt für das physisch Greifbare, was er für alle sichtbar gebaut hatte. Die wahrscheinlich größte Lektion, die wir von seiner Geschichte lernen können, liegt allerdings im Verborgenen. Und zwar so verborgen, dass die Bibel es gar nicht dokumentiert. Doch zum Glück tut es der römische Historiker Josephus:

Als Nehemia sah, dass die Stadt nur wenige Bewohner hatte, drängte er die Priester und Leviten, aus ihrer ländlichen Gegend dauerhaft in die Stadt zu ziehen. Denn er hatte dort auf eigene Kosten Häuser für sie vorbereitet.[155]

Nehemia war im Graben und er musste sogar selbst für Gottes Traum bezahlen!

Davon können wir eine Menge lernen. Wenn du wissen willst, ob eine Vision von Gott kommt, dann frage: „Muss ich für meinen Teil darin bezahlen?" Ist die Antwort ‚nein', dann würde ich die Vision mit kritischem Auge prüfen.

Auch von den Juden in der Gegend von Jerusalem können wir etwas Wichtiges über Gottes Führung lernen: Es kann vorkommen, dass wir eine Vision mehr lieben, als dass wir bereit sind, in ihr zu leben. Wir lassen uns für eine bestimmte Idee begeistern und sind auch bereit, für sie zu kämpfen. Doch die Frage ist: Wollen wir wirklich in Übereinstimmung mit dieser Idee leben, sobald sie Wirklichkeit geworden ist? Das ist eine wichtige Frage, denn wenn wir nicht bereit sind, unsere Überzeugungen vorzuleben, dann erklären wir damit im Grunde genommen, dass sie für uns keine Bedeutung haben.

Manchmal haben wir nicht die geringste Idee, was die größere Idee tatsächlich bedeutet!

Kein Wunder, dass Jesus uns davor warnt, etwas zu bauen, ohne vorher herauszufinden, ob wir uns den Bau leisten können — und dann auch *darin leben* wollen, könnte ich hinzufügen.

Dieses Muster in Gottes Reich zwingt uns dazu, die Wirklichkeit unserer Vision zu erleben und nicht unsere Tagträume. Es hilft uns dabei, uns damit abzufinden, was sie uns kostet. Diese Kosten läutern unsere Motivation. Es stellt uns die Frage, ob wir etwas so fest glauben, dass wir es auch ohne die Anerkennung und die Unterstützung täten.

Es sagt uns, dass wir irgendwann in unseren Träumen leben müssen.

Zweiundfünfzig

Die Mauer wurde doch tatsächlich in nur zweiundfünfzig Tagen wieder aufgebaut!

> *Und die Mauer wurde fertig am fünfundzwanzigsten Tage des Monats Elul in zweiundfünfzig Tagen. Und als alle unsere Feinde das hörten, fürchteten sich alle Völker, die um uns her wohnten, und der Mut entfiel ihnen; denn sie merkten, dass dies Werk von Gott war.*[156]

Aufgrund der „Heilung der Mauer", wie es der jüdische Tanach formuliert, versammelte sich das Volk und sah etwas, das einer Feier würdig war! Endlich begriff jeder, warum Nehemia tat, was er tat.

Nehemia verließ den Graben.

Und nicht nur das, der physische Wiederaufbau der Mauer rüttelte die Juden geistlich wach.

> *[...] da versammelte sich das ganze Volk wie ein Mann auf dem Platz, der vor dem Wassertor war. Und sie sagten zu Esra, dem Schriftgelehrten, er solle das Buch mit dem Gesetz des Mose herbeibringen, das der HERR dem Volk Israel geboten hatte. [...] Und die Ohren des ganzen Volkes waren auf das Buch des Gesetzes gerichtet. [...] Und sie traten hin und bekannten ihre Sünden und die Verfehlungen ihrer Väter. [...] „Doch du bist gerecht bei allem, was über uns gekommen ist, denn du hast Treue bewiesen; wir aber, wir haben gottlos gehandelt."*[157]

Einige Monate zuvor hatte Nehemia geweint, weil die Juden die Stadt in Trümmern gelassen hatten. Nun sah er nicht nur dabei zu, wie *sie* über ihre Gottlosigkeit weinten, sondern er musste sie sogar aufmuntern!

> *Und der Statthalter Nehemia, der Priester und Schriftgelehrte Esra und die Leviten, die das Volk belehrten, sagten zu allen: „Heute ist ein heiliger Tag für den Herrn, euren Gott. Weint also nicht und trauert auch nicht!" Denn alle Menschen hatten geweint, als sie die Worte des Gesetzes hörten.*[158]

Seinetwegen fühlte Gottes Volk endlich dieselbe Leidenschaft, die auch er empfand.

Gesprächsaufhänger

Sieh dir die folgenden Ereignisse in Nehemias Leben an. Überlege, an welcher Stelle in diesem Muster in Gottes Reich sich Nehemia zum jeweiligen Zeitpunkt befand und trage die jeweilige Nummer unten im Muster ein.

1. Nehemia weint über Jerusalems Not: Nehemia 1, 4

2. Der König gibt Nehemia Vollmacht und Unterstützung: Nehemia 2, 4-9

3. Sanballat verspottet Nehemias Arbeit: Nehemia 3, 33

4. Nehemia antwortet seinen Kritikern: Nehemia 6, 8

5. Die Mauer ist fertiggestellt: Nehemia 6, 15-16

6. Nehemia tröstet das Volk, als es zu weinen anfängt: Nehemia 8, 10

Welches Schlüsselprinzip kannst du in Nehemias grabenförmiger Reise erkennen?

Teile dein Prinzip mit uns über Social Media: #MusterInGottesReich

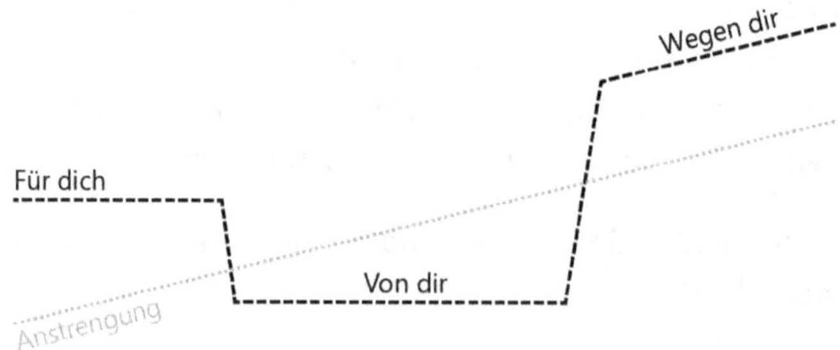

GRABEN | Die Anwendungen

Fundamente

Anwendung #1: *Verstehe, wo du die Details zu Seinem Plan finden kannst!*

Details stehen bereit. Details sind zum Greifen nah. Details sind näher als erwartet.

Bei jedem Bauvorhaben muss man sich genügend Zeit dafür nehmen, das richtige Fundament zu legen. Je höher das Gebäude werden soll, desto tiefer muss das Fundament liegen. Wenn eine Baufirma ein Einfamilienhaus baut, reicht ein Fundament von ein bis zwei Metern Tiefe. Wenn stattdessen ein Bürogebäude gebaut wird, das einhundert Menschen Raum zum produktiven Arbeiten geben soll, dann muss das Fundament um einiges stärker sein. Doch wenn ein Hochhaus geplant ist, etwas, das zu einem Wahrzeichen wird und schon aus weiter Entfernung ins Auge sticht, dann muss ein noch tieferes Fundament gelegt werden.

Je größer also die Sache ist, die Gott *durch dich* baut, desto tiefer ist das Fundament, das Er *in dir* legen muss.

Für viele von uns kommt das vielleicht überraschend, und zwar aus einem ganz einfachen Grund.

Wenn Freiwillige Teil von Pais werden, war Gott bereits in ihnen am Werk. Er hat gerade so viel Fundament gelegt, dass es für ihr Ehrenamt in einer Jugendgruppe der Gemeinde ausreicht. Doch wenn sie Ihn in einer Schule vertreten sollen, mit einem größeren Wirkungskreis und einem komplexeren Umfeld, dann brauchen sie ein tieferes Fundament. Der alte Graben ist für das neue Abenteuer nicht tief genug. Also muss ein neuer Graben gezogen werden.

Folglich ist ‚der Graben' ein Muster, das sich in unserem Leben wiederholt.

Das Fundament, das in einem früheren Graben in uns gelegt wurde, reicht vielleicht nicht für das größere Werk, das vor uns liegt. Doch weil wir bereits wissen, dass Gott *in* uns am Werk war, meinen wir, dass unser früheres Fundament auch für das gut genug sein wird, was Gott als Nächstes *durch* uns bauen will.

Aber damit liegen wir falsch.

Also, hier ist mein Tipp: Wenn du nach Gottes nächstem Schritt Ausschau hältst, sieh nicht nach oben. Sieh nach unten.

Du findest die Details von Gottes Führung eher, wenn du dich um das kümmerst, was Er *in dir* tun will, als um das, was Er *durch dich* tun will. Anstatt also nach dem Ausschau zu halten, was Er noch vor dir ver-birgt, ist es offensichtlich sinnvoller, das in Angriff zu nehmen, was er dir in diesem Augenblick bereits beibringen will. Anstatt immer wieder zu fragen: „Was will Er in Zukunft durch mich tun?", solltest du lieber darauf achten, was Er hier und jetzt in dir tun will. Das ist viel leichter zu erkennen.

Denn Gott zeigt uns nur selten, was genau Er *durch uns* bauen will; und doch scheint Er uns sehr gerne haargenau zu sagen, was Er in uns bauen muss! Oder, um es anders zu formulieren:

Er gibt uns einen *allgemeinen* Plan für das Gebäude, aber einen *konkreten* Plan für das Fundament.

Joel

Anwendung #2: *Lass dich von einer Belohnung nicht einschränken!*

Belohnungen schwächen uns. Belohnungen lenken ab. Belohnungen bringen uns vom Weg ab.

Als mein ältester Sohn sieben Jahre alt war, ging ich mit meiner Familie einmal in ein nahe gelegenes Schwimmbad. Ich werde nie den Augenblick vergessen, als Joel zu mir kam und sagte: „Papa, ich glaube, heute kann ich es schaffen. Ich glaube, ich kann es weiter schaffen als bisher."

Ich war begeistert — er wollte die komplette Bahn schwimmen! Als Vater wusste ich, dass das eines dieser prägenden Erlebnisse wird, die uns einander näher bringen. Also ermutigte ich ihn: „Wir schaffen das, mein Sohn! Zusammen schaffen wir das!"

„Aber Papa," sagte er, „ich bin nervös. Ich bin wirklich sehr nervös. Ich will es tun, aber ich brauche eine Ermutigung. Kriege ich eine Belohnung, wenn ich es schaffe?"

„Was denn zum Beispiel?", fragte ich ihn.

„Eine PlayStation", antwortete er.

Nach kurzen Verhandlungen und der Zusage für eine gebrauchte PlayStation sprangen wir zusammen ins Becken. Joel fing richtig gut an und ich war stolz. Dann fing er an zu strampeln und ich war besorgt.

„Es ist schwer, Papa! Es ist so schwer!"

„Komm schon, mein Sohn, du packst das!", antwortete ich.

„Gibt es noch etwas anderes, Papa? Irgendetwas anderes, das ich kriegen kann, wenn ich es schaffe?"

Wir hatten schon zwei Drittel des Beckens zurückgelegt. „Wie wär's mit einem Spiel für die Konsole?"

Von diesen Belohnungen beflügelt kämpfte Joel, mein Held, sich durch die Schmerzen und die Angst und schaffte es bis ans Ende des Beckens. Ich jubelte und nahm ihn in die Arme. Dann nahm ich ihn bei der Hand und lief zu seiner Mutter, denn ich wollte ihr unbedingt erzählen, was wir zusammen erreicht hatten. Ich schwärmte Lynn von seiner großartigen Meisterleistung vor, seinem Mut und seiner Entschlossenheit über seine Grenzen hinauszugehen: eine ganze Bahn zu schwimmen. Ich werde mich immer an ihren Gesichtsausdruck erinnern, als sie mir tief in die Augen schaute und sagte:

„Paul, er konnte das schon vor sechs Monaten!"

Sie fuhr fort und erklärte mir, dass er vor einem halben Jahr die volle Beckenlänge geschwommen war und sein Abzeichen erhalten hatte. Als ich nach unten blickte, sah ich meinen Sohn mit einem breiten Grinsen auf dem Gesicht. Mit dem Versprechen einer PlayStation und eines Spiels sicher in der Tasche war sein Gesicht der Inbegriff dessen, was man ‚Frechdachs' nennt.

Joels Hauptziel an jenem Tag war es nicht, herauszufinden, wie weit er kommen konnte, sondern wie viel er bekommen konnte. Daher tat er nur das, was nötig war, um eine Belohnung zu erhalten. Genauso können auch wir uns selbst einschränken und nur die Berufung erfüllen, die uns Ehre, Geld und Anerkennung bringt, anstatt den Weg einzuschlagen, der für Gottes Reich die größte Wirkung erzielen würde.

Manchmal verhalten wir uns genauso wie Joel und erwecken den Eindruck, wir würden weiter gehen, als wir es tatsächlich könnten.

Kappe

Anwendung #3: *Dreh eine Schwäche um und entdecke eine neue Stärke!*

Es gibt uns Motivation. Es gibt uns Anregung. Es gibt uns Zusammenhalt.

Ein ehemaliger Präsident der Vereinigten Staaten erzählte einmal davon, dass er als kleiner Junge gerne kletterte. Er kletterte alles hoch; Bäume, Häuser, Hügel — was immer vor ihm lag. Doch es gab eine Mauer, an der er jeden Tag auf seinem Weg zur Schule vorbeikam, die so hoch war, dass er immer zu viel Angst hatte, es zu versuchen. Die Monate vergingen und jedes Mal, als er an seinem Angstgegner vorbeikam, sagte er sich: „Eines Tages werde ich auf diese Mauer klettern."

Aber er tat es nicht.

Nun war seine Familie sehr arm und ihm wurde immer beigebracht, sich um alles gut zu kümmern, was ihm gegeben wurde. Reiche Menschen haben nicht immer die gleiche Wertschätzung für Dinge, wie sie arme Menschen oft haben. Immer wenn er etwas verlor, etwas beschädigte oder etwas vergaß, wurde er also von seinem Vater bestraft, in der Regel mit Prügel.

Seine Schuluniform war besonders wichtig und ihm wurde befohlen, besonders gut darauf aufzupassen.

Als er am letzten Tag des Schuljahres zur Schule ging, kam er auch wieder an der Mauer vorbei und dachte sich: *„Heute ist meine letzte Chance."* Doch er ging weiter. Wie viele von uns suchte er nach einem Weg, wie er sich selbst dazu bringen könnte, etwas zu tun, das er noch nie zuvor geschafft hatte. Dann, auf seinem letzten Heimweg vorbei an seinem Angstgegner, kam ihm eine Idee ...

Er warf seine Kappe über die Mauer!

Als er es erst einmal getan hatte, gab es kein Zurück mehr. Er musste sie zurückholen, um sich selbst eine Tracht Prügel zu ersparen. Es zwang ihn dazu, etwas zu tun, für das er vorher nicht den Mut aufbringen konnte. Und schließlich tat er, wozu er vorher nie in der Lage gewesen war.

Wenn wir uns selbst in einen neuen Lebensabschnitt führen wollen, müssen wir manchmal unsere Kappe über die Mauer werfen. Wir müssen eine Verpflichtung eingehen, die uns zwingt, das zu tun, was von uns gefordert wird. In der konkreten Umsetzung mag das für dich anders aussehen als für mich. Ich habe ein starkes Verantwortungsbewusstsein und eine Führungsposition, die von mir verlangt, mit gutem Beispiel voranzugehen. Wenn ich jemandem etwas verspreche, bin ich also hoch motiviert, ihn nicht zu enttäuschen. Für mich sieht dieses „die Kappe über die Mauer werfen" daher so aus, dass ich öffentliche Erklärungen abgebe, die mich zu etwas zwingen, das ich nicht tun will.

Vor einigen Jahren zum Beispiel wollte ich mehr Disziplin in meine Bibelandachten bringen. Dafür habe ich eine Zeit lang mein tägliches Bibelstudium auf einem Blog veröffentlicht. Als ich dann zu einem neuen System überging, hatte ich Kommentare zu sechs Büchern der Bibel geschrieben!

Wenn du am Rande eines potenziellen Grabens stehst, möchte ich dir eine Frage stellen:

Was ist die Mauer, der du gegenüberstehst, und was könnte *deine* Kappe sein?

Gesprächsaufhänger

Anwendung #1: *Verstehe, wo du die Details zu Seinem Plan finden kannst!*

Anwendung #2: *Lass dich von einer Belohnung nicht einschränken!*

Anwendung #3: *Dreh eine Schwäche um und entdecke eine neue Stärke!*

1. Welche dieser Anwendungen trifft an diesem Punkt deiner Reise am ehesten auf dich zu?

2. Was ist der nächste praktische Schritt, den du gehen kannst?

3. Welche Fragen hast du noch?

4. Welchen Ratschlag habe ich nicht erwähnt, den du jemandem geben würdest, der in diesem Muster unterwegs ist?

5. Teile deinen Ratschlag und deine Fragen mit uns über Social Media: #MusterInGottesReich

Der Fortschritt eines Pilgers

Unter Christen gibt es eine weit verbreitete, aber wenig geeignete Methode dafür, Gottes Führung zu erkennen.

Sie beruht auf der Geschichte von Gideons Vlies: Gott sandte einen Boten zu Gideon und sagte ihm, er würde seine Feinde besiegen, wenn er sie mit Gottes Kraft angriffe. Doch Gideon brauchte eine Absicherung und so brachte er eine ziemlich merkwürdige Bitte vor:

> *Und Gideon sprach zu Gott: Wenn du Israel durch meine Hand retten willst, wie du gesagt hast, siehe, so will ich ein Wollvlies auf die Tenne legen. Wenn der Tau nur auf dem Vlies sein, der ganze Boden ringsum aber trocken bleiben wird, so werde ich erkennen, dass du Israel durch meine Hand erretten wirst, wie du gesagt hast.*[159]

Gott antwortete ihm gnädigerweise und gab Gideon das Zeichen, um das er bat.

Doch das war nicht genug.

> *Und Gideon sprach zu Gott: Dein Zorn entbrenne nicht gegen mich, dass ich nur noch einmal rede; ich will es nur noch einmal versuchen mit dem Vlies: Das Vlies allein soll trocken bleiben und*

Tau liegen auf dem ganzen übrigen Boden! Und Gott machte es so in jener Nacht: allein das Vlies blieb trocken, und Tau lag auf dem ganzen übrigen Boden.[160]

Gideons Bitte war kein Akt des *Glaubens*, sondern ein Akt der *Angst*.

Und doch folgen manche von uns merkwürdigerweise Gideons Beispiel und breiten ihr ‚Vlies' vor Gott aus. Wir suchen Führung darin, wie sich die Dinge entwickeln, und ohne es zu merken, folgen wir im Grunde denselben Omen, denen auch die Heiden folgten. Anstatt das zu befolgen, von dem wir wissen, dass Gott es uns durch Sein Wort gesagt hat, sagen wir zu Ihm: „Wenn das geschieht, dann weiß ich, dass es Dein Wille für mich ist, so und so zu handeln. Wenn es nicht geschieht, weiß ich, dass Du es nicht willst."

Wir tappen in die Falle, indem wir in allen Dingen ein Zeichen sehen, und wir geben unseren Umständen mehr Bedeutung, als wir es sollten. Es kann uns in die Irre führen und dazu verleiten, unsere Umstände unterbewusst zugunsten der Antwort zu deuten, die wir hören wollen.

Allerdings ist das nicht meine Hauptsorge, wenn es um ‚Vliese' geht.

Mein größtes Problem kann ich am besten schildern, indem ich ein gängiges Szenario aus meinem Eheleben beschreibe. Die Foxy Lynn und ich sind jetzt seit etwa dreißig Jahren verheiratet. Nehmen wir einmal an, sie kommt ins Wohnzimmer, während ich gerade mit der Fernbedienung durch die Kanäle schalte. Dann setzt sie sich hin und wartet, dass ich mich für einen Sender entscheide.

Dabei stehen drei zur Auswahl:

Der Sender für Kochshows, auf dem Jamie Oliver in fünfzehn Minuten ein kulinarisches Meisterwerk hervorbringt.

> Der Sender über das Heimwerken, auf dem ein Paar sich zwischen ihrem frisch renovierten Haus oder einer komplett neuen Wohnung entscheidet.

> Der Fußballsender, auf dem England das Elfmeterschießen gegen Deutschland verliert.

Jetzt stell dir vor, ich würde mich fragen, welchen Sender sie gerne sehen würde, und käme dann zu folgender Entscheidung: *Wenn sie die Beine überschlägt, muss es die Kochshow sein, aber wenn sie es sich auf dem Sofa gemütlich macht, dann ist es der Sender über das Heimwerken. Wenn sie sich allerdings am Kopf kratzt, dann ist es offensichtlich, dass sie Fußball gucken möchte.*

Das wäre lächerlich, oder nicht?

Ich liebe Lynn, ich kenne sie durch und durch und ich weiß, welche Sender sie bevorzugt. Dass ich ihr die drei Optionen vorstelle, hat vielleicht den Anschein, als kümmerte ich mich um sie und ihre Wünsche; ich bin mir jedoch nicht so sicher, dass sie das genauso sehen würde. Ich weiß: Allein schon wenn ich sie fragen würde, was sie gerne sehen will, bekäme ich von ihr ‚den Blick‘.

Dieser sagt: *Wenn du mich kennst, dann verstehst du mich auch.*

Und doch ist es genau diese seltsame Routine, auf die wir zurückgreifen, wenn wir unsere ‚Vliese‘ vor Gott ausbreiten.

Ich bin mir sicher, dass einige von uns schon ein ‚Vlies‘ genutzt haben und sagen können, dass Gott unsere Fragen genauso beantwortet, wie Er es auch für Gideon tat. Das würde mich nicht überraschen. Gott ist treu. Mehr noch, Er holt uns genau dort ab, wo wir stehen. Er begibt sich auf unser Level herab und leitet uns wie Kinder. Schließlich ist Er ein äußerst liebevoller Vater. Das heißt aber nicht, dass Er will, dass wir für den Rest unseres Lebens Säuglinge bleiben. Es mag daher gelegentlich vorkommen, dass Gott unser Vlies annimmt, doch was sagt das über unsere Sehnsucht aus, Ihn besser kennenzulernen? Und welchen Unterschied gibt es zwischen unserem christlichen Vlies, den Omen der Heiden und der Kristallkugel einer Hexe?

Ich denke, es gibt einen besseren Weg.

Einen Weg, der Seine Gedanken zu unseren Gedanken macht, Seine Träume zu unseren Träumen und die Leidenschaft Seines Herzens zur Leidenschaft unseres Herzens. Ich glaube, dass Gott Gedanken des Friedens und nicht des Leides für dich hat. Aber ich meine, du erkennst diesen Plan am besten anhand des *Typos*, des Musters in Seinem Reich.

Wir sollten uns darin üben, Fragen zu stellen! Denn schließlich entspringt Vision einem unangenehmen Gespräch mit Gott. Dramatische Zeichen und Wunder gewinnen zwar unsere Aufmerksamkeit, schenken uns aber nur wenig Offenbarung. Der Vater benutzt Zeichen, damit wir den Dialog mit Ihm suchen. Dann stellen wir Ihm eine Frage und Er antwortet uns mit einer. Und mit den Fragen kommt auch die Offenbarung. Wenn das Gespräch abbricht, hört auch die Vision auf.

Diese Übung des ‚fortwährenden Gesprächs‘ führt zum Fortschritt eines Pilgers.

Sie beginnt mit der Frage:

Wie erziele ich die größte Wirkung für Gottes Reich?

Und während diese Frage mehr und mehr zu deiner Standardfrage wird, bewegst du dich tiefer hinein in Seinen Plan für dich. Die darauf folgenden Gespräche helfen dir, dich daran zu erinnern, was an deiner Pilgerreise am wichtigsten ist ...

Inmitten von Josefs Sklavendienst, dem Treuebruch von Petrus, Israels Auflehnung und Nehemias Verfolgung hat Gott sie nie verlassen. Er war weiterhin mit ihnen auf der Reise, denn Er ist immer auf der Reise mit Pilgern.

Es kann passieren, dass du den falschen Weg einschlägst, aber Seine Gegenwart bleibt. Selbst wenn du auf dem Holzweg bist, wirst du weiterhin die Zeichen von Gottes Wirken in deinem Leben sehen. Gottes Versorgung und Sein Segen sind nicht immer ein Anzeichen dafür, dass wir in die richtige Richtung gehen; es ist schlichtweg Seine Art und Weise, uns zu zeigen, dass Er uns noch immer liebt. Und Er liebt uns wirklich, selbst dann, wenn wir es vermasseln und einen Weg wählen, dem wir nicht folgen sollten.

Demnach zielt unsere Frage niemals darauf ab, herauszufinden: „Ist Gott mit mir auf der Reise?"

Sondern stets: „Bin ich auf der Reise zu Ihm?"

NOTIZEN

Anmerkungen

1. Weitere Einblicke in das Konzept der Linie findest du im ersten Buch der Trilogie: Pioniere in Gottes Reich, 2. Aufl. (Arlington, TX: Harris House Publishing, 2014).

2. Offenbarung 1, 7.

3. 1. Thessalonicher 4, 17.

4. Prediger 3, 11 (NeÜ, 2016).

5. Nach jüdischem Gesetz gab es drei Feste, für die alle Juden nach Jerusalem kommen sollten: Passah, Pfingsten und das Laubhüttenfest. Aufgrund der großen Entfernung konnten Josef und Maria, wie viele andere, nur an einem von ihnen teilnehmen. Also wählten sie das größte und beste; für die Heimreise bedeutete das, dass sie mit einer großen Karawane von Familienmitgliedern und Freunden unterwegs waren. Es war leicht, in der Menge verloren zu gehen, und ihr Sohn war nicht dort, wo sie ihn erwartet hatten.

6. Lukas 2, 41-43.

7. Lukas 2, 44 (HFA, 2015).

8. Eintrag zu „pilgrim, a" im Oxford English Dictionary.

9. 1. Mose 12, 1-2.

10. Büntings Kleeblattkarte findest du unter http://paulgibbs.info/map-excerpt-latest-book.

11. 1. Mose 17, 5.

12. Keren Hannah Pryor, *A Taste of Torah* (Dayton, OH: Center for Judaic-Christian Studies, 2008).

13. Römer 12, 2 (ZB, 2007).

14. Jeremia 17, 9 (NLB, 2006).

15. G3339 Strong-Verzeichnis.

16. Philipper 3, 17 (ELB, 2008).

17. Diese Definition ist eine Zusammenführung des Wortes ‚Typos' und einer Kombination von Grundwörtern, von denen es abstammt.

18. Encarta Dictionary English, Eintrag zu „pattern, a".

19. Nehemia 9, 8 (SLT, 2000).

20. Psalm 18, 36 (HFA, 2015).

21. Psalm 18, 37.

22. Psalm 18, 37 (ZB, 2007).

23. Psalm 18, 37 (NLB, 2006).

24. Mehr über diese Geschichte und den eigenartigen Vorfall kannst du in den ersten beiden Büchern dieser *Trilogie von Gottes Reich* lesen: *Pioniere in Gottes Reich* und *Prinzipien in Gottes Reich.*

25. Abraham H. Maslow. *The Psychology of Science* (1966), S. 15.

26. Hebräer 12, 1 (HFA, 2015).

27. 1. Mose 37, 5.

28. 1. Mose 37, 6-7 (NLB, 2006).

29. 1. Mose 37, 28 (NLB, 2006).

30. 1. Mose 37, 36.

31. 1. Mose 39, 2 (NLB, 2006).

32. 1. Mose 39, 7-20.

33. 1. Mose 39, 19-20 (EU, 1980).

34. 1. Mose 39, 22-23.

35. 1. Mose 40.

36. 1. Mose 41, 1-40.

37. 1. Mose 41, 45 (GNB, 2000).

38. 1. Mose 41, 41 (NLB, 2006).

39. Das veranschaulicht die Geschichte von Jakobs Traum von der Himmelsleiter in 1. Mose 28.

40. Diese Information stammt aus dem Buch The Hayford Bible Handbook (Nashville, TN: Thomas Nelson, Inc., 1995).

41. 1. Mose 37, 19.

42. 1. Mose 40, 9-18.

43. 1. Mose 41, 14-16.

44. 1. Mose 37, 10.

45. 1. Mose 16, 1-2 (NLB, 2006).

46. Solltest du die beiden vorhergehenden Bücher gelesen haben, weißt du, dass die Schule sich nicht als das entpuppte, was sie erwartet hatte.

47. Ich vermute, dass das nach heutigen Preisen etwas weniger als $5 sind.

48. Als ich anfing, Bücher zu schreiben, entschied ich mich, zum Andenken an meine Mutter und ihren Glauben an mich meinen zweiten Vornamen mit aufzunehmen.

49. Psalm 30, 2.

50. Psalm 30, 7-8 (HFA, 2015).

51. Dieses Zitat wird zumeist Abraham Lincoln zugeschrieben und es scheint von folgendem Zitat von ihm herzurühren: „Nahezu alle Menschen können Not ertragen. Doch wenn du den Charakter eines Menschen prüfen willst, dann gib ihm Macht."

52. Johannes 12, 12-13 (NLB, 2006).

53. Im Jahr 73 v. Chr. belagerte die römische Armee eine kleine Gruppe von jüdischen Zeloten, die aus Nord-Galiläa stammten. Dabei belagerten sie die Bergfestung Masada, eine fast uneinnehmbare Festung, die von Herodes zum Schutz vor Kleopatra gebaut worden war. Sie war darauf ausgelegt, einer Belagerung standhalten zu können: Tiefe Zisternen konnten tausende Liter Wasser speichern und Taubenlöcher im Dach versorgten die Belagerten mit Vögeln als Nahrungsquelle. Doch das Römische Reich verbrachte mehrere Monate damit, eine Rampe zu bauen, und kurz bevor sie in das Lager der Zeloten eindringen konnten, schienen diese eine erschütternde Entscheidung gefällt zu haben. Durch das Los wählten sie zehn Soldaten, die sich mit dem Töten auskannten: Die Väter töteten ihre Familien, die Zehn töteten die Väter, einer tötete die Zehn und nahm sich anschließend selbst das Leben. Heute reist die israelische Armee mit neuen Rekruten nach Masada, wo sie ihren Treueeid ablegen, ihr Land zu beschützen.

54. Johannes 18, 15-16 (NLB, 2006).

55. Johannes 18, 25 (NLB, 2006).

56. Johannes 18, 19.

57. Matthäus 14, 22-33.

58. Matthäus 16, 13-23.

59. Matthäus 17, 4-8.

60. Matthäus 17, 20 (NLB, 2006).

61. Lukas 5, 4.

62. Einen anderen Blickwinkel auf diese Geschichte gewinnst du im zweiten Buch dieser Trilogie - *Prinzipien in Gottes Reich* - im Kapitel ‚Boot' (Arlington, TX: Harris House Publishing, 2011).

63. In der Dokumentation über Pais Movement berichtet mein Pastor über den gesamten Ablauf. Zu sehen unter www.thespiritofapioneer.com.

64. Ein Zitat von Sydney Coe Howard, eines berühmten amerikanischen Theaterdichters.

65. Matthäus 17, 4.

66. William McBirnie, *The Search For The Twelve Apostles* (Wheaton, IL: Tyndale House Publishers, 1973).

67. Lukas 3, 21-22.

68. Hiob 1, 9 (ZB, 2007).

69. Oasis. "Some Might Say" *(What's the Story) Morning Glory?* Geschrieben von Gallagher, Noel. (London, UK: Creation Records, 1995).

70. Lukas 3, 22.

71. Tosefta Sotah 13, 2.

72. Bei Jesu Taufe wird deutlich, dass Gott *Bat-Kol* gebrauchte, um den Zuschauern etwas mitzuteilen, nicht Jesus selbst.

73. Kolosser 1, 24.

74. 1. Mose 2, 18.

75. Epheser 4, 11-14.

76. Einige von euch glauben vielleicht nicht, dass diese Gaben auch heute noch gegenwärtig sind. Ich möchte euch ermutigen, euch dadurch nicht davon abhalten zu lassen, dieses Muster zu erkennen. Diese Gaben sind nur ein Beispiel.

77. Epheser 4, 13.

78. Epheser 4, 14.

79. Lukas 3, 23.

80. Matthäus 11, 12 (NLB, 2006).

81. Matthäus 4, 12; 17.

82. Ich persönlich stehe nicht voll und ganz dahinter.

83. Hebräer 5, 8 (HFA, 2015).

84. Die Pharisäer waren eine fortschrittliche Gruppe. Im Gegensatz zu den Sadduzäern verstanden sie, dass Religion vorwärtsgehen muss und nicht stillstehen darf. Sie sahen sich nicht als die einzigen religiösen Ausleger, wie die Sadduzäer es taten. Die Pharisäer bestanden auf ihr Recht, die jüdischen Lehren auszulegen und zu erklären, damit einfache Menschen sie verstehen konnten. Sie glaubten an die Auferstehung der Toten, darunter an die Unsterblichkeit der Seele, göttliche Bestrafung der Sünder, Versöhnung im freien Willen, Prädestination und die Existenz von Engeln und Geistern. Aus diesem Grund sehen wir Jesus oft zu Besuch bei pharisäischen Abendgesellschaften, nie jedoch in Gesellschaft mit Sadduzäern.

85. Lukas 13, 31-35.

86. Matthäus 23, 2-3.

87. Die vollständige Liste kannst du auf S. 169 von Brad Youngs Buch *Meet the Rabbis* nachlesen (Peabody, MA: Hendrickson Publishers, 2007).

88. Matthäus 7, 10-11.

89. Abot 5, 18, gemäß S. 266 in Brad Youngs *The Parables*. Weitere Informationen zu Jesu Gebrauch bekannter Gleichnismotive findest du in Brad Youngs Buch The Parables: Jewish Tradition and Christian Interpretation (Peabody, MA: Hendrickson Publishers, 1998).

90. Der verstorbene Professor Flusser, der als Professor über das Frühe Christentum und das Judentum aus der Zeit des Zweiten Tempels an der hebräischen Universität in Jerusalem unterrichtete, stellte diese Verbindungen in seinem Buch ‚The Sage of Galilee' heraus. Er wird auch auf S. 63 in Brad Youngs Buch *Meet the Rabbis* zitiert, wo er einem jüdischen Studenten antwortet, der sich von Flussers Wertschätzung für Jesu Lehren angegriffen fühlte. In jenem Buch, wie auch in seinem Buch über *Gleichnisse*, stellt Young Jesu Gebrauch des Lehrstils der Gelehrten heraus.

91. Im Abschnitt ‚Amida' meines Buches *Prinzipien in Gottes Reich* gebe ich eine tiefergehende Erklärung über die Verbindung zwischen der Amida und dem Vater Unser.

92. Lapide, Pinchas. *The Sermon on the Mount: Utopia or Program in Action?* (Maryknoll, NY: Orbis, 1986) S. 10.

93. Mischna Berakhot 5.1, zitiert in *Meet the Rabbis* (weiter oben angegeben) auf S. 19.

94. Lukas 10, 4.

95. Diese Praxis umfasst das Konzept der ‚Kavannah', das ich in meinem Buch *Talmidim* erläutere.

96. Apostelgeschichte 9, 40.

97. Matthäus 5, 40 (EU, 1980).

98. Darüber wurde in der in der CNN-Reportage mit dem Titel ‚Fareed's Take: I was the target of internet trolling' berichtet, ausgestrahlt am 17. Januar 2016.

99. Brian D. McLaren, *The Secret Message of Jesus* (Nashville, TN: Thomas Nelson Inc., 2006).

100. 1. Korinther 5, 11.

101. Galater 2, 11-12.

102. Im englischen Original: "It is generally true to say that relationships are both spe-cial and spatial and that there are no bad relationships, just spatial miscalcula-tions." – Diese Aussage habe ich einmal von Paul Scanlon gehört, einem Pastor aus Bradford im Vereinigten Königreich.

103. Lukas 5, 7.

104. Aus einem Interview mit Mutter Teresa. Der evangelische Pastor Roy Lloyd stellte ihr die Frage: „Was ist das größte Problem in unserer Welt heute?"

105. Matthäus 5, 46.

106. Matthäus 5, 46 (GNB, 2000).

107. Matthäus 5, 47 (MENG, 1939).

108. Sprüche 15, 24 (eigene Übersetzung).

109. 1. Chronik 4, 10 (ELB, 2008).

110. 1. Könige 3, 5; 9 (SLT, 2000).

111. Markus 5, 24-29.

112. Siehe Anmerkungen in *The Archeological Study Bible* (Grand Rapids, MI: Zondervan, 1984).

113. Markus 5, 34.

114. Maleachi 3, 20.

115. Matthäus 23, 5.

116. 2. Mose 1, 11-13.

117. Wenn du mit der Geschichte nicht vertraut bist, kannst du sie in 2. Mose 1 und 2 nachlesen.

118. 2. Mose 2, 11-14 (NeÜ, 2016).

119. 2. Mose 3, 1-3 (NLB, 2006).

120. 2. Mose 3, 5-10 (NLB, 2006), gekürzt.

121. 2. Mose 3, 11 (NLB, 2006).

122. 2. Mose 3, 13 (NLB, 2006).

123. 2. Mose 4, 10 (ELB, 2008).

124. 2. Mose 4, 13 (HFA, 2015).

125. 2. Mose 4, 18.

126. 4. Mose 13, 27-28 (ELB, 2008).

127. 4. Mose 14, 34 (NLB, 2006).

128. Genau genommen beschreiben theologische Gelehrte, dass sie viele Male nach Kadesch zurückkehrten, ein Gebiet, das ihnen als Basislager für ihre Ausfälle diente. Easton's Bible Dictionary zufolge besagt eine Theorie, dass sie während dieser achtunddreißig Jahre in und um Kadesch herum verweilten. Es gibt achtzehn Bibelstellen, die auf die Ereignisse hinweisen, die während dieser Zeit in Kadesch stattfanden. Die Liste darüber findest du in der englischen Wikipedia über Kadesh (biblical).

129. Sprüche 1, 32.

130. 2. Mose 9, 11-12 (EU, 1980).

131. Weitere Beispiele sind, dass Er David dazu verleitete zu sündigen, indem er sein Heer zählte (2. Samuel 24, 1); die Verhärtung von Sihons Herz, dem König von Heschbon (5. Mose 2, 30); die Hiwiter von Gibeon (Josua 11, 19-20).

132. 2. Mose 7, 3.

133. 2. Mose 1, 8-10 (NeÜ, 2016).

134. 2. Mose 12, 38.

135. 2. Mose 8, 11 - siehe auch 2. Mose 7, 22 und 8, 15 und 9, 7.

136. 2. Mose 7, 3 (NLB, 2006).

137. Marcus Buckingham und Donald O. Clifton, *Now, Discover Your Strengths* (New York, NY: Gallup Press, 2001) S. 145.

138. 4. Mose 20, 11-12.

139. 4. Mose 13, 27; 30.

140. Zitiert von John Maxwells Buch *Developing the Leaders Around You* (Nashville, TN: Thomas Nelson, Inc., 1995) S. 19, mit hinzugefügtem Kontext.

141. Nehemia 1, 2-4 (NLB, 2006).

142. Anonym.

143. Nehemia 2, 1-2.

144. Nehemia 2, 1. Nehemia wählte den Monat Nisan, um König Artaxerxes dazu zu veranlassen, ihn zu fragen, was das Problem sei. Ich finde das interessant, denn das ursprüngliche Wort für diesen Monat — ‚Abib' — bedeutet ‚grünes Ohr'. Abib entspricht dem Monat April und erhielt seinen Namen aufgrund der Beschaffenheit der Gerste zu jener Zeit. Nehemia wandte sich an den König in der Hoffnung, er würde ein grünes Ohr haben: ein offenes Ohr, das mit dem Wort ‚Geh' antwortet.

145. Nehemia 2, 2-5; 8 (NLB, 2006).

146. Nehemia 2, 9 (NLB, 2006).

147. Nehemia 3, 33-35 (EU, 1980).

148. Die Lügen, die über Nehemia erzählt wurden, kannst du im sechsten Kapitel des Buches Nehemia nachlesen.

149. Nehemia 6, 8 (NeÜ, 2016).

150. Lukas 9, 62 (SLT, 2000).

151. Nehemia 5, 9 (NLB, 2006).

152. Antiquitates 11.5.8.

153. Nehemia 11, 1 (NeÜ, 2017).

154. b. Katub. 110b.

155. Antiquitates 11.5.8.

156. Nehemia 6, 15-16.

157. Nehemia 8, 1-3; 9, 2; 9, 33 (ELB, 2008).

158. Nehemia 8, 9 (NLB, 2006).

159. Richter 6, 36-37 (SLT, 2000).

160. Richter 6, 39-40 (SLT, 2000).

Über den Autor

Paul Clayton Gibbs ist der Gründer und weltweite Leiter von Pais. Er und seine Frau Lynn haben zwei Söhne, Joel und Levi. Ursprünglich kommt er aus Manchester in England und zog 2005 mit seiner Familie in die USA, um seine Vision weltweit auszubauen: das Training und die Multiplikation derer, die Gottes Auftrag umsetzen.

Paul begann seine Pionierarbeit als christlicher Leiter an Schulen in Manchester im Jahr 1987. Im September 1992 gründete er Pais Project, ursprünglich ein Brückenjahr-Projekt mit einem Team in Nord-Manchester, das sich weltweit explosionsartig ausgebreitet hat und heute Tausende von Nachfolgern Jesu schult, aussendet und Millionen von Schülern überall in Europa, Nord- und Südamerika, Afrika, Asien und Australien erreicht. Seitdem hat Paul zwei weiteren Zweigen von Pais den Weg gebahnt: Der eine rüstet Gemeinden mit Strategien für Jesu Auftrag aus und der andere bietet Unternehmen Strategien im Cause-Related Marketing an. Unter Pauls Leiterschaft ist Pais Movement fortwährend gewachsen, startet Initiativen und bietet Hilfsmittel an, um Gottes Königreich voranzubringen.

Paul hat als Mentor und in der Ausbildung von Leitern überall im Vereinigten Königreich Anerkennung gefunden. Er hat mehrere Bücher geschrieben und spricht auf Veranstaltungen in der ganzen Welt, unter anderem in Bibelschulen und -seminaren, in Gemeinden, auf Leiterschaftsseminaren und Jugendkongressen. Seine Hauptthemen sind Pionierarbeit, Leiterentwicklung, das Königreich Gottes und uralte Methoden für unsere Zeit in der Postmoderne.

Paul geht gerne schwimmen, surfen, Ski fahren, segeln, snowboarden und ist ein leidenschaftlicher Fan von Manchester United!

paulgibbs.info
facebook.com/paulcgibbs
twitter.com/paulcgibbs

Über Pais Movement

Unser Ziel

Pais möchte die Kirche dahingehend prägen, dass jeder Christ es zu seinem ersten Anliegen macht, Gottes Reich so auszubreiten, wie Jesus es vorgelebt hat. Wir erreichen das durch eine andere Herangehensweise an Evangelisation, Jüngerschaft und Bibelstudium für Jugendliche & Schulen, Gemeinden und Unternehmen.

Unsere Leidenschaft

Pais ist ein Wort aus dem Griechischen des Neuen Testaments und weist als Name unserer Organisation darauf hin, dass wir Kinder Gottes sind und Ihm dienen wollen. Unser Anliegen ist es, diejenigen zu trainieren und zu multiplizieren, die Gottes Auftrag umsetzen. Unser Herz schlägt für die Menschen in unserer Welt und wir wünschen uns sehnlichst, dass sie in einer Beziehung mit Gott leben, so wie Er es für uns vorgesehen hat. Wir stehen Seite an Seite mit Schulen, Gemeinden und Unternehmen, um Menschen zu befähigen, in ihrem Verständnis und ihrem Erleben von Gott zu wachsen.

Unsere Vision

Jesu Auftrag ist das Herzstück von Pais. Wir bemühen uns, sowohl unseren Freiwilligen wie auch allen, mit denen sie in Berührung kommen, dabei zu helfen, ein missionales Herz, missionale Fertigkeiten und einen missionalen Lebensstil zu entwickeln. So trainieren wir Alltagsmissionare, die wiederum neue Alltagsmissionare trainieren, und sehen, wie sich unsere Welt Schritt für Schritt verändert.

pais.life
paismovement.de
facebook.com/paisdach
instagram.com/paisdach

"
LEBE EIN LEBEN AUF MISSION UND MIT GOTTES REICH IM ZENTRUM.

Dank unserer Partner beinhalten unsere Programme kostenlos: Training, Unterkunft und Verpflegung

Diene Gott in deinem Heimatland oder einem unserer zahlreichen Einsatzländer im Ausland.

FOLGE DEINER BERUFUNG

Jüngerschaftsprogramme
Wähle die Dauer deines Einsatzes.

1. Jahr: Persönliche Entwicklung

2. Jahr: Leiterschaft

3. Jahr: Kirchlicher Dienst

pais

Für weitere Infos kontaktiere dach@paismovement.com oder besuche paismovement.de

Weitere Bücher von Paul Clayton Gibbs

Trilogie aus alter Zeit

Haverim: Wie du mit jedem alles studieren kannst
Dieses einzigartige Buch nimmt eine 2.000 Jahre alte Methode des Bibel-
studiums und überträgt sie in unsere Zeit. Paul Gibbs leitet dich Schritt
für Schritt an und hilft dir, mit Haverim deine eigene Studiengruppe zu
starten.

Talmidim: Wie du jeden in allem trainieren kannst
Paul Gibbs verhilft uns zu einem neuen Verständnis des Missionsbefehls,
indem er uns anregt, unsere gegenwärtigen Jüngerschaftsmethoden von
Grund auf neu zu durchdenken. Durch Recherche und Anwendung von
Jesu Jüngerschaftsmethode zeigt uns Gibbs eine einfache Vorlage, die
jeder anwenden kann.

Shalom: Wie du jeden überall erreichen kannst
Dieses Buch eröffnet dir eine völlig neue Herangehensweise an Mission. Es
hilft dir, das Evangelium auf natürliche und effektive Weise zu verbreiten.

Trilogie von Gottes Reich

Pioniere in Gottes Reich: Gottes Auftrag für dich
Hast du eine Idee, eine Vision oder eine Leidenschaft dafür, etwas zu verändern? In dieser völlig überarbeiteten Zweitauflage rüstet Paul Gibbs
dich aus, um die vier Stufen von Vision zu durchlaufen und die Prüfungen
zu bestehen, die jede Stufe mit sich bringt. Dieses Buch wappnet dich mit
allem, damit du siehst, wie deine Vision Wirklichkeit wird.

Prinzipien in Gottes Reich: Gottes Werte für dich
Paul Gibbs entlarvt unsere Vorstellung, dass Nachfolge Jesu schlichtweg
ein Befolgen von Regeln ist. Der Autor erläutert sechs Prinzipien in Gottes
Reich, die deine Beziehung mit Gott verwandeln können und dich von
einem Leben aus Regeln zu einem Leben aus Liebe führen.

Muster in Gottes Reich: Gottes Berufung für dich
Hast du jemals Gottes Führung in deinem Leben aus den Augen verloren?
Paul Gibbs zeigt dir ganz praktisch, wie du Gottes Plan für dein Leben
entdecken kannst. Dafür zeigt er dir, wie du Gott bessere Fragen stellen
kannst, um bessere Antworten zu erhalten.

Erhältlich überall dort, wo Bücher verkauft werden.